# *The* LITTLE BLACK SONGBOOK

# HIT SONGS *for* UKULELE



Music produced by Shedwork.com

ISBN: 978-1-78305-094-9

HAL•LEONARD®



Visit Hal Leonard Online at
**www.halleonard.com**

World headquarters,contact:
**Hal Leonard**
7777 West Bluemound Road
Milwaukee, WI 53213
Email: info@halleonard.com

In Europe, contact:
**Hal Leonard Europe Limited**
1 Red Place
London, W1K 6PL
Email: info@halleonardeurope.com

In Australia, contact:
**Hal Leonard Australia Pty. Ltd.**
4 Lentara Court
Cheltenham, Victoria, 3192 Australia
Email: info@halleonard.com.au

# Tuning your ukulele

The ukulele is unusual among string instruments in that the strings are not tuned in order of pitch. Watch out for this!
Here are the tuning notes for a ukulele on a piano keyboard:

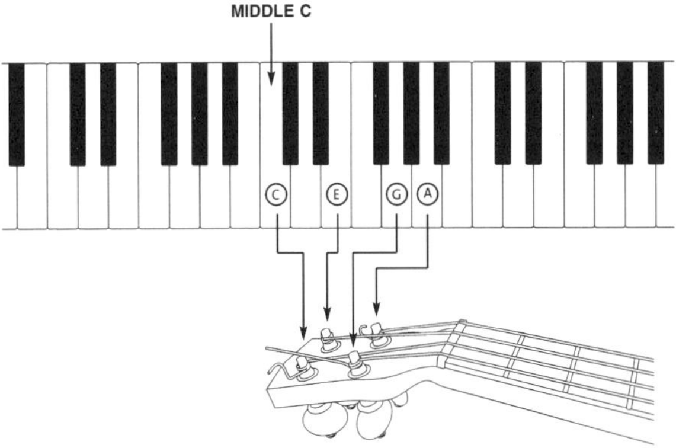


A good way to remember the notes of the ukulele's strings is this little tune:

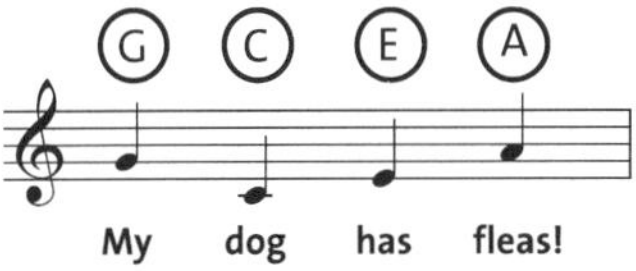


# Reading chord boxes

Chord boxes are diagrams of the ukulele neck viewed head upwards, face on as illustrated. The top horizontal line is the nut, unless a higher fret number is indicated, the others are the frets.

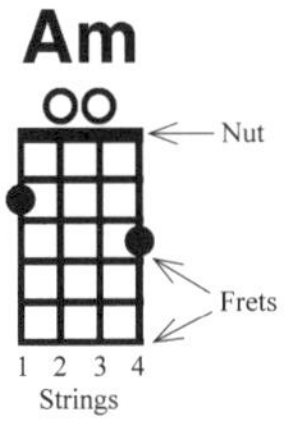


The vertical lines are the strings, starting from G (or 4th) on the left to A (or 1st) on the right.

The black dots indicate where to place your fingers.

Strings marked with an O are played open, not fretted. Strings marked with an X should not be played.

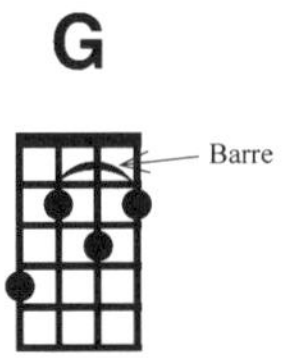


The curved bracket indicates a 'barre' – hold down the strings under the bracket with your first finger, using your fingers to fret the remaining notes.

N.C. = No chord.

# 1234

Words & Music by Feist & Sally Seltmann

D5 D5/C♯ Bm G D Em

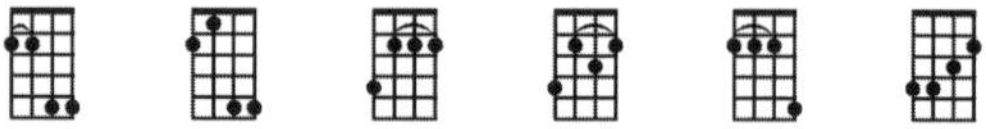

*Intro* | D5 D5/C♯ | Bm G | D5 D5/C♯ | Bm G ||

*Verse 1*

D5 D5/C♯ Bm G
One, two, three, four, tell me that you love me more.

D5 D5/C♯ Bm G
Sleepless long nights, that is what my youth was for.

D Em Bm G
Old teen - age hopes are a - live at your door,

D Em Bm G
Left you with nothing but they want some more.

*Chorus 1*

A G
Oh, oh, oh, you're changing your heart.

A G
Oh, oh, oh, you know who you are.

*Verse 2*

D5 D5/C♯ Bm G
Sweetheart, bitter heart, now I can tell you apart.

D5 D5/C♯ Bm G
Cosy and cold, put the horse be - fore the cart.

D Em Bm G
Those teen - age hopes who have tears in their eyes,

D Em Bm G
Too scared to own up to one lit - tle lie.

*Chorus 2* As Chorus 1

*Bridge 1*

D5 D5/C♯ Bm G
One, two, three, four, five, six, nine or ten,
D5 D5/C♯ Bm G D5
Money can't buy you back the love that you had then.

| D5 D5/C♯ | Bm G | D5 D5/C♯ | Bm G |
(then.)

D5 D5/C♯ Bm G
One, two, three, four, five, six, nine or ten,
D5 D5/C♯ Bm G (D5)
Money can't buy you back the love that you had then.

| D5 D5/C♯ | Bm G | D5 D5/C♯ | Bm G ||
(then.)

*Chorus 3*

A G
Oh, oh, oh, you're changing your heart.
A G
Oh, oh, oh, you know who you are.
A G
Oh, oh, oh, you're changing your heart.
A G D Em Bm G
Oh, oh, oh, you know who you are.________
D Em Bm G
Who you are.____

*Interlude*

|: D5 Em | Bm G | D5 Em | Bm G :| *Play 3 times*

*Outro*

D Em Bm
For,
G D Em Bm G
For the teen - age boys,
D Em Bm
They're breaking your heart.
G D Em Bm G
For the teen - age boys,
D D5/C♯ Bm G
They're breaking your heart.

| D5 D5/C♯ | Bm G | D ||

# A Well Respected Man

Words & Music by Ray Davies

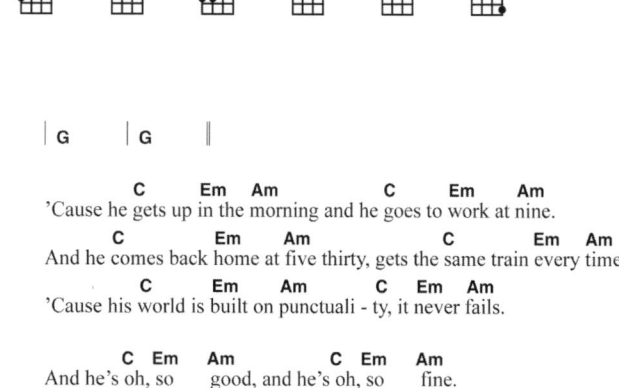

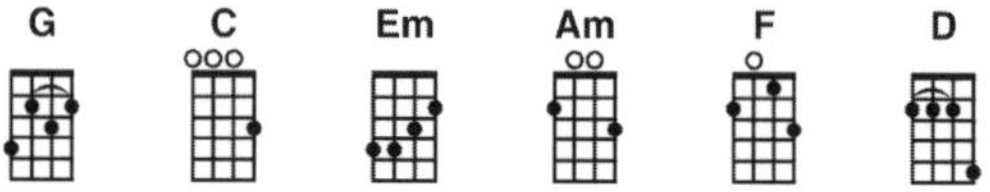


*Intro* | G | G ||

*Verse 1*

```
                    C        Em     Am                    C        Em        Am
'Cause he gets up in the morning and he goes to work at nine.
             C              Em        Am                       C           Em     Am
And he comes back home at five thirty, gets the same train every time.
                C            Em        Am           C     Em    Am
'Cause his world is built on punctuali - ty, it never fails.
```

*Chorus 1*

```
              C   Em     Am             C   Em     Am
And he's oh, so      good, and he's oh, so      fine.
             C   Em    Am              C     Em      Am
And he's oh, so    healthy in his body and his mind.
       F                  Em
He's a well respected man about town,
F                           D             G     C   G
Doing the best things so conserva - tively.
```

*Verse 2*

```
             C          Em      Am                       C      Em        Am
And his mother goes to meetings while his father pulls the maid.
              C          Em       Am                    C               Em      Am
And she stirs the tea with councillors while dis - cussing foreign trade.
              C         Em       Am               C      Em            Am
And she passes looks as well as bills at every suave young man.
```

```
                  C   Em    Am             C   Em    Am
Chorus 2   'Cause he's oh, so     good, and he's oh, so     fine.
                C  Em    Am            C     Em     Am
           And he's oh, so     healthy in his body and his mind.
                F               Em
           He's a well respected man about town,
           F                   D            G     C   G
           Doing the best things so conserva - tively.

                 C         Em         Am          C         Em       Am
Verse 3    And he likes his own back - yard and he likes his fags the best.
                    C       Em       Am          C            Em         Am
           'Cause he's better than the rest and his own sweat smells the best.
                 C         Em       Am                 C      Em     Am
           And he hopes to grab his father's loot when pater passes on.
```

*Chorus 3* As Chorus 2

```
                 C        Em          Am           C        Em      Am
Verse 4    And he plays at stocks and shares and he goes to the re - gatta.
                C        Em       Am                C      Em    Am
           He a - dores the girl next door 'cause he's dying to get at her.
                 C       Em          Am           C        Em      Am
           But his mother knows the best about the matri - monial stakes.
```

*Chorus 4* As Chorus 2

# A Pair Of Brown Eyes

Words & Music by Shane MacGowan

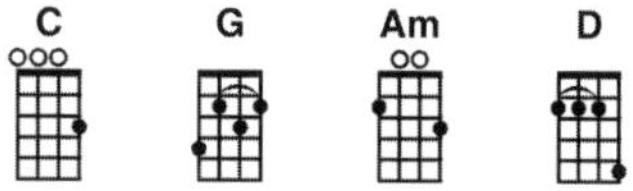


*Intro* | C | C ||

*Verse 1*

        G
One summer evening drunk to hell,
   Am               C
I sat there nearly lifeless.
   G
An old man in the corner sang
              C          Am
Where the water lilies grow.
      G
And on the jukebox Johnny sang
     Am                C
A - bout a thing called love.
          G            Am     C          G
And it's how are you kid and what's your name,
     C                       Am
And how would you bloody know?
   G
In blood and death 'neath a screaming sky
  Am            C
I lay down on the ground,
         G
And the arms and legs of other men
      C          Am
Were scattered all a - round.

*cont.*

```
      G
Some cursed, some prayed, some prayed then cursed,
      Am                        C
Then prayed, then bled some more.
          G    Am          C    G
And the only thing that I could see
                    Am             C         G
Was a pair of brown eyes that was looking at me.
                  Am            C           G
But when we got back, labelled parts one to three,
                      Am          C          G
There was no pair of brown eyes waiting for me.
```

*Chorus 1*

```
(G)             Am      C         G
And a rovin', a rovin', a rovin' I'll go
      C            Am
For a pair of brown eyes.
```

*Instrumental* 𝄆 C | C | C | Am 𝄇

*Verse 2*

```
  G
I looked at him, he looked at me
    Am              C
All I could do was hate him,
         G
While Ray and Philomena sang
   C          Am
Of my elusive dreams.
  G
I saw the streams, the rolling hills
        Am                   C
Where his brown eyes were waiting.
        G       Am    C            G
And I thought a - bout a pair of brown eyes
      C           Am
That waited once for me.
     G
So drunk to hell I left the place
              Am               C
Sometimes crawling, sometimes walking.
   G
A hungry sound came across the breeze,
      C            Am
So I gave the walls a talking.
```

```
                 G
*cont.*    And I heard the sounds of long ago
           Am               C
           From the old ca - nal,
                 G            Am         C     G
           And the birds were whistling in the trees
                     C                  Am
           Where the wind was gently laughing.

                 G         Am       C         G
*Chorus 2* And a rovin', a rovin', a rovin' I'll go,
                     Am       C         G
           A rovin', a rovin', a rovin' I'll go,
                           Am       C         G
           And a rovin', a rovin', a rovin' I'll go
                 C              Am
           For a pair of brown eyes,
                 C      D       G
           For a pair of brown eyes.

           G               Am       C         G
*Chorus 3* And a rovin', a rovin', a rovin' I'll go,
                           Am       C         G
           And a rovin', a rovin', a rovin' I'll go,
                           Am       C         G
           And a rovin', a rovin', a rovin' I'll go
                 C              Am
           For a pair of brown eyes,
                 C      D       G
           For a pair of brown eyes.   *Fade out*
```

# Beautiful Boy (Darling Boy)

Words & Music by John Lennon

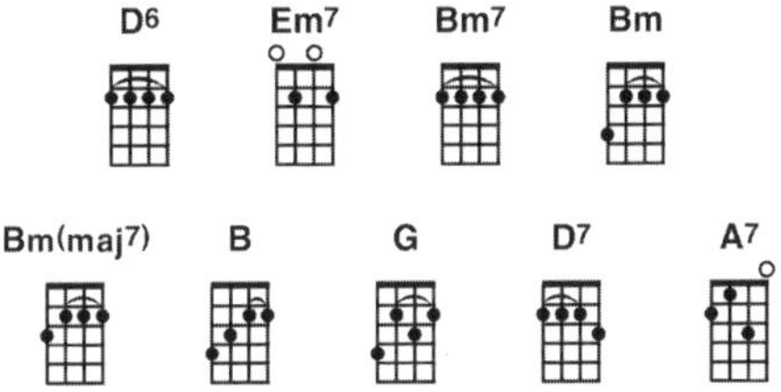

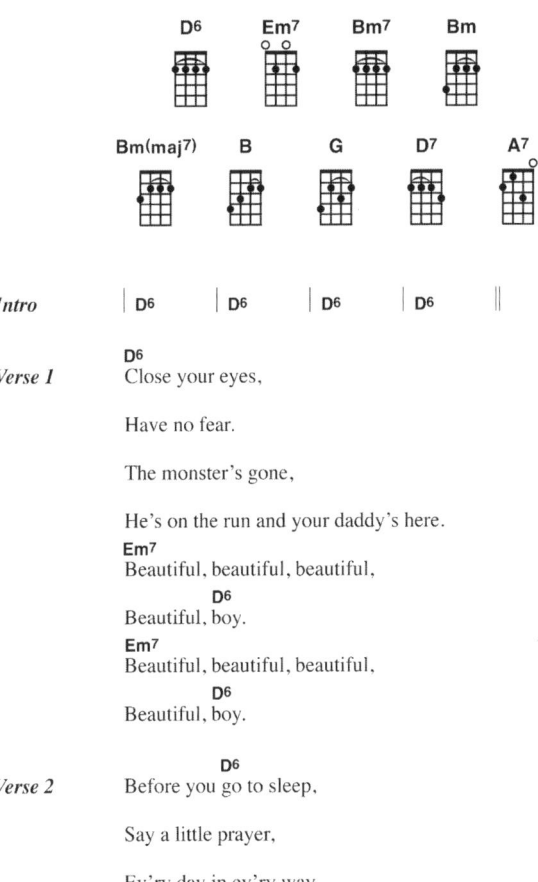

*Intro* | D6 | D6 | D6 | D6 ||

*Verse 1*

D6
Close your eyes,

Have no fear.

The monster's gone,

He's on the run and your daddy's here.

Em7
Beautiful, beautiful, beautiful,

             D6
Beautiful, boy.

Em7
Beautiful, beautiful, beautiful,

             D6
Beautiful, boy.

*Verse 2*

               D6
Before you go to sleep,

Say a little prayer,

Ev'ry day in ev'ry way,

It's getting better and better.

```
              Em7
cont.         Beautiful, beautiful, beautiful,
                        D6
              Beautiful, boy.
              Em7
              Beautiful, beautiful, beautiful,
                        Bm7
              Beautiful, boy.

              Bm             Bm(maj7)
Middle          Out on the ocean,
              Bm7        B
                Sailing away,
              G                    D7
                I can hardly wait,
              G                       D7
                To see you come of age.
              G                     D7                    A7
                But I guess we'll both just have to be patient.
                         G                  D7
              'Cause it's a long way to go,
              G                  D7
                A hard row to hoe,
                      G                 D7
              Yes, it's a long way to go,
                          A7
              But in the meantime:

                          D6
Verse 3       Before you cross the street,

              Take my hand.

              Life is what happens to you

              While you're busy making other plans.
              Em7
              Beautiful, beautiful, beautiful,
                        D6
              Beautiful, boy.
              Em7
              Beautiful, beautiful, beautiful,
                        D6
              Beautiful, boy.
```

*Verse 4*

D6
Before you go to sleep,

Say a little prayer.

Ev'ry day in ev'ry way,

It's getting better and better.

Em7
Beautiful, beautiful, beautiful,

D6
Beautiful, boy.

Em7
Darling, darling, darling,

D6
Darling Sean.

# Across The Universe

Words & Music by John Lennon & Paul McCartney

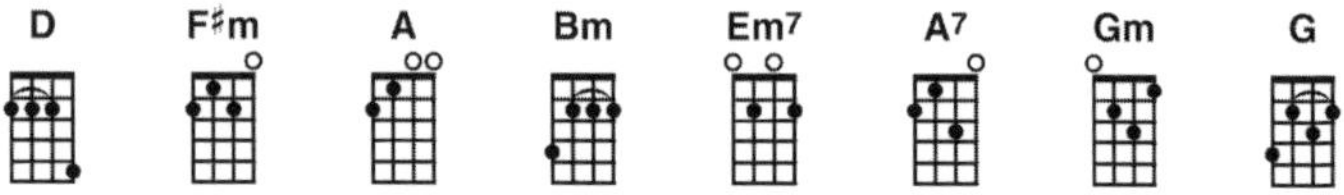


**To match original recording tune ukulele down one semitone**

*Intro* | D | F♯m | A ||

*Verse 1*

```
D                 Bm                F♯m
Words are flying out like endless rain into a paper cup,
     Em7                                   A7
They slither wildly as they slip away across the universe.
D                Bm                 F♯m
Pools of sorrow, waves of joy are drifting through my open mind,
   Em7           Gm
Possessing and caressing me.
```

*Chorus 1*

```
D                 A7
Jai. Guru. Deva. Om.
A
Nothing's gonna change my world,
G                          D
Nothing's gonna change my world.
A
Nothing's gonna change my world,
G                          D
Nothing's gonna change my world.
```

*Verse 2*

```
            Bm                F♯m                      Em7
Images of broken light which dance before me like a million eyes,
                            A7
They call me on and on across the universe.
D                    Bm         F♯m
Thoughts meander like a restless wind inside a letter box,
     Em7                                         A7
They tumble blindly as they make their way across the universe.
```

*Chorus 2*

```
D                A7
Jai. Guru. Deva. Om.
A
Nothing's gonna change my world,
G                              D
Nothing's gonna change my world.
A
Nothing's gonna change my world,
G                              D
Nothing's gonna change my world.
```

*Verse 3*

```
                     Bm                F#m
Sounds of laughter, shades of life are ringing through my opened ears,
  Em7        Gm
Inciting and inviting me.
D            Bm                F#m                          Em7
Limitless, undying love which shines around me like a million suns,
                          A7
It calls me on and on across the universe.
```

*Chorus 3*

```
D                A7
Jai. Guru. Deva. Om.
A
Nothing's gonna change my world,
G                              D
Nothing's gonna change my world.
A
Nothing's gonna change my world,
G                              D
Nothing's gonna change my world.
```

*Outro*

```
   (D)
||: Jai. Guru. Deva. :||  Repeat to fade
```

# All Or Nothing

Words & Music by Steve Marriott & Ronnie Lane

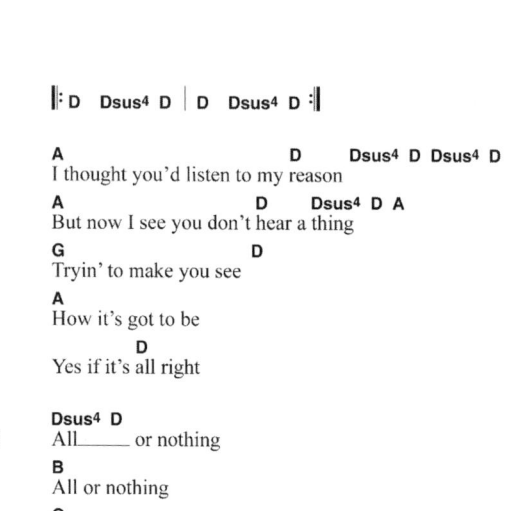

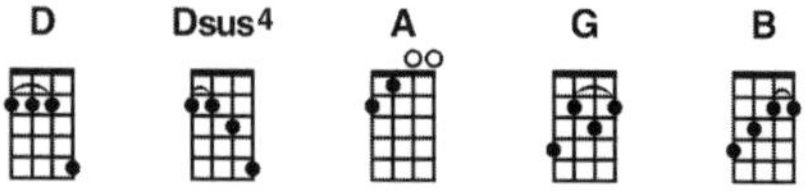


*Intro* 𝄆 D Dsus4 D | D Dsus4 D 𝄇

*Verse 1*
```
A                              D      Dsus4 D Dsus4 D
I thought you'd listen to my reason
A                        D      Dsus4 D A
But now I see you don't hear a thing
G                        D
Tryin' to make you see
A
How it's got to be
           D
Yes if it's all right
```

*Chorus 1*
```
Dsus4 D
All_____ or nothing
B
All or nothing
G
All or nothing for me
```

𝄆 D Dsus4 D | D Dsus4 D 𝄇

*Verse 2*
```
A                                  D      Dsus4 D Dsus4 D
Things could work out just like I want them to
A                        D   Dsus4 D A
If I could have the other half of you
G                  D
You know I would
A
If I only could
         D
Yes it's, yeah
```

*Chorus 2*

```
Dsus4 D
All___ or nothing
B
All or nothing
G
All or nothing for me

|: D   Dsus4 D | D   Dsus4 D :|
```

*Verse 3*

```
A
Ba, ba, ba, ba-da
          D          Dsus4 D Dsus4 D
Ba, ba, ba-da, ba
A
Ba, ba, ba, ba-da
          D          Dsus4 D A
Ba, ba, ba-da, ba
G                               D
I ain't telling you no lie girl
A                                    D
So don't just sit there and cry girl
```

*Chorus 3*

```
Dsus4 D
All___ or nothing
B
All or nothing
G
All or nothing
                A
Gotta, gotta, gotta keep on trying
D               A
All or nothing
B
All or nothing
G
All or nothing
    A                  D
For me, for me, for me
```

*Chorus 4*

```
Dsus4 D
All___ or nothing
B
All or nothing
G
All or nothing for me

| D   Dsus4 D | D   Dsus4 D | D   Dsus4 D | D            ||
```

# Between The Bars

Words & Music by Elliott Smith

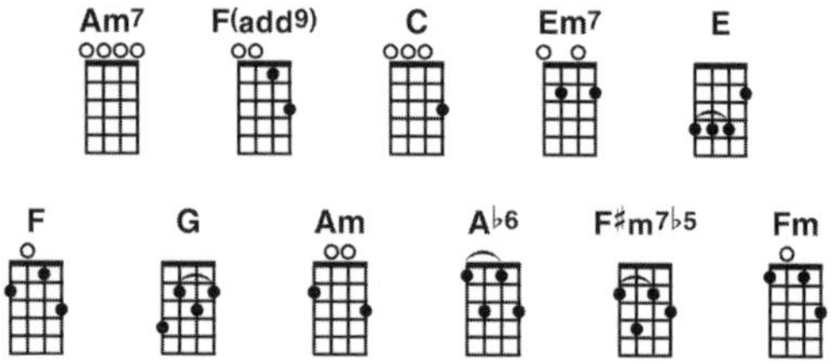


**To match original recording tune ukulele down one tone**

*Intro* 𝄆 Am7 𝄇 *Play 4 times*

*Verse 1*

Am7 F(add9)
Drink up baby, stay up all night
C
With the things you could do,
Em7
You won't, but you might.
Am7
The potential you'll be,
F(add9)
But you'll never see,
C E F
The promises you'll only make.

*Verse 2*

Am7
Drink up with me now
F(add9)
And forget all about
C
The pressure of days,
Em7 Am7
Do what I say and I'll make you ok,
F(add9)
We'll drive them away,
C E F
The images stuck in your head.

*Chorus 1*

F G Am
People you've been before
A♭6 G F♯m7♭5
That you don't want around anymore,
F G Am
They push and shove and won't bend to your will,
F Fm
I'll keep them still.

*Verse 3*

Am7 F(add9)
Drink up baby, look at the stars
C Em7
I'll kiss you again between the bars
Am7
Where I'm seeing you there,
F(add9)
With your hands in the air
C E F
Waiting to finally be caught.

*Verse 4*

Am7
Drink up one more time
F(add9)
And I'll make you mine,
C Em7
Keep you apart deep in my heart,
Am7
Separate from the rest,
F(add9)
Well, I like you the best
C E F
And keep the things you forgot.

*Chorus 2* As Chorus 1

# Bird On The Wire

Words & Music by Leonard Cohen

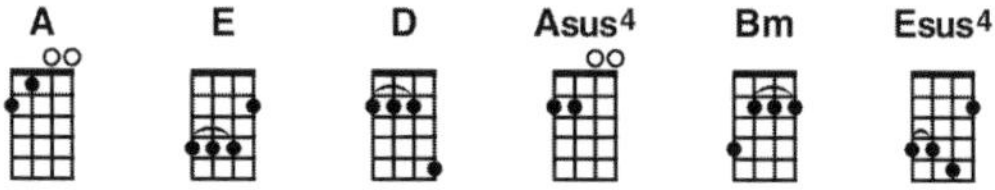


*Verse 1*

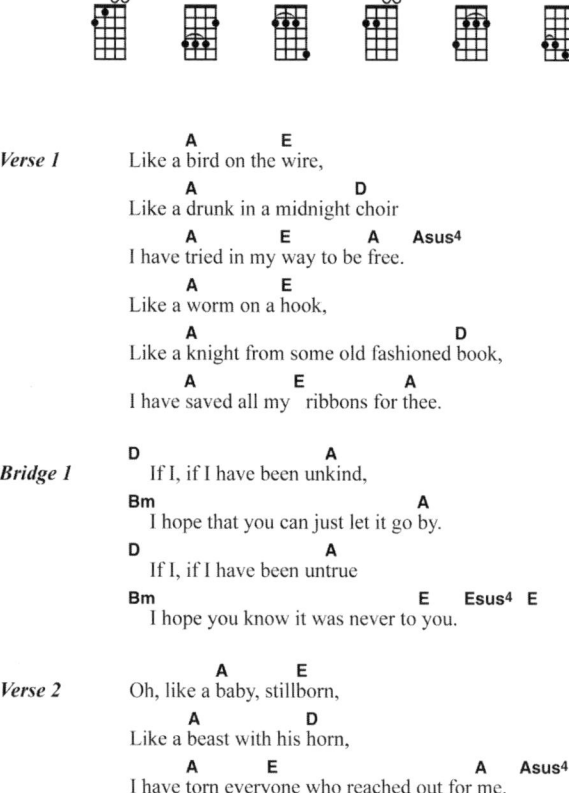

```
      A            E
Like a bird on the wire,
      A                     D
Like a drunk in a midnight choir
      A           E           A      Asus4
I have tried in my way to be free.
      A            E
Like a worm on a hook,
      A                                 D
Like a knight from some old fashioned book,
      A                E              A
I have saved all my   ribbons for thee.
```

*Bridge 1*

```
D                         A
   If I, if I have been unkind,
Bm                                  A
   I hope that you can just let it go by.
D                         A
   If I, if I have been untrue
Bm                                  E      Esus4  E
   I hope you know it was never to you.
```

*Verse 2*

```
              A         E
Oh, like a baby, stillborn,
      A              D
Like a beast with his horn,
      A         E                          A     Asus4
I have torn everyone who reached out for me.
```

```
            A              E
cont.       But I swear by this song
                A                    D
            And by all that I have done wrong
            A                E         A      Asus4  A
               I will make it all up to thee.

            D                                         A
Bridge 2       I saw a beggar leaning on his wooden crutch,
            Bm                                       A
               He said to me, "You must not ask for so much."
            D                                                  A
               And a pretty woman leaning in her darkened door,
            Bm                                  E             Esus4  E
               She cried to me, "Hey, why not ask for more?" ______

                  A           E
Verse 3     Oh like a bird on the wire,
                 A                    D
            Like a drunk in a midnight choir
                 A           E          D       A
            I have tried in my way to be free. ____
```

# Blaze Of Glory

Words & Music by Jon Bon Jovi

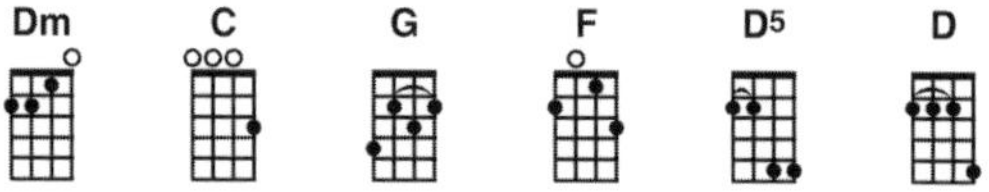


*Verse 1*

Dm<br>
I wake up in the morning<br>
C<br>
And I raise my weary head,<br>
G<br>
I've got an old coat for a pillow<br>
Dm<br>
And the earth was last night's bed.<br>
F<br>
I don't know where I'm going,<br>
C<br>
Only God knows where I've been,<br>
G<br>
I'm a devil on the run, a six-gun lover,<br>
Dm D5<br>
A candle in the wind, yeah!

*Verse 2*

Dm<br>
When you're brought into this world<br>
C<br>
They say you're born in sin,<br>
G<br>
Well at least they gave me something<br>
Dm<br>
I didn't have to steal or have to win.<br>
F<br>
Well they tell me that I'm wanted,<br>
C<br>
Yeah, I'm a wanted man,<br>
G<br>
I'm a colt in your stable,<br>
I'm what Cain was to Abel,<br>
Dm<br>
Mister, catch me if you can.

```
                 G                         D
Chorus 1      I'm going down in a blaze of glory,
                   G                     D
              Take me now but know the truth,
                   G                D
              I'm going out in a blaze of glory,
                        C
              Good Lord I never drew first but I drew first blood,
                 G                           D5
              I'm going son, call me Young Gun.

                  Dm
Verse 3       You ask about conscience
                   C
              And I offer you my soul,
                          G
              You ask if I'll grow to be a wise man,
                    Dm
              Well I ask if I'll grow old.
                  F
              You ask me if I've known love
                                     C
              And what it's like to sing songs in the rain,
                      G
              Well I've seen love come, I've seen it shot down,
                  Dm
              I've seen it die in vain.

                  G                     D
Chorus 2      Shot down in a blaze of glory,
                   G                     D
              Take me now but know the truth,
                                G             D
              'Cause I'm going down in a blaze of glory,
                    C
              Lord I never drew first but I drew first blood,
                    G                           D5
              I'm the devil's son, call me Young Gun.

Guitar solo   || G    | D    | G    | D    |
              | G    | D    | F    | G    || D5   |
```

```
             Dm
*Verse 4*    Each night I go to bed
                     C
             I pray the Lord my soul to keep,
                       G
             No, I ain't looking for forgiveness
                 Dm
             But before I'm six feet deep,
                  F
             Lord, I got to ask a favour,
                  C
             And I hope you'll understand,
                               G
             'Cause I've lived life to the fullest,
                              Dm
             Let this boy die like a man,
             G
             Staring down a bullet,
                      Dm                       N.C.
             Let me make my final stand.

                  G                   D
*Chorus 3*   Shot down in a blaze of glory,
                       G                    D
             Take me now but know the truth,
                         G              D
             I'm going out in a blaze of glory,
                    C
             Lord I never drew first but I drew first blood,
                       G
             And I'm no-one's son.
                                D            C
             Call me Young Gun, oh, oh, oh,
                               G              D
             I'm a Young Gun, Young Gun,
                   D    C
             Young Gun, yeah, yeah, yeah,
                   G    D5
             Young Gun.
```

# Can't Keep It In

Words & Music by Cat Stevens

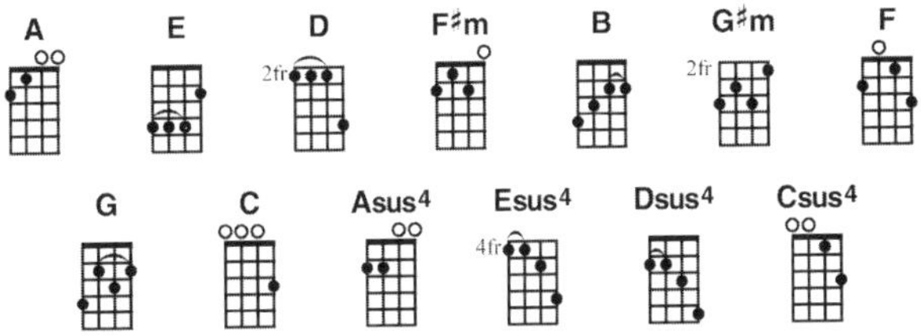

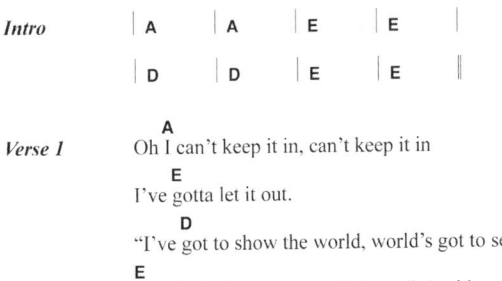

*Intro* | A | A | E | E |
| D | D | E | E ||

*Verse 1*

A
Oh I can't keep it in, can't keep it in
E
I've gotta let it out.
D
"I've got to show the world, world's got to see,
E
See all the love, love that's in me", I said.

*Verse 2*

A
Why walk alone?
E
Why worry when it's warm over here?
D
You've got so much to say, say what you mean.
E
Mean what you're thinking, and think anything.

*Chorus 1*

        A                              F♯m
Oh why, why must you waste your life away?
                    B             E                     G♯m    B
You've got to live for to - day, then let it go       oh
A                                  F♯m
Lover, I want to spend this time with you,
                          B            E                        G♯m   E
There's nothing I wouldn't do, if you let me know
         A
And I can't keep it in, I can't hide it
      E
And I can't lock it away,
      D
I'm up for your love, love heats my blood,
E
Blood spins my head, and my head falls in love.

*Link*

| A | A | E | E |
| D | D | E | F G ||

*Verse 3*

C
No I can't keep it in, can't keep it in
      G
I've gotta let it out.
               F
I've got to show the world, world's got to know,
G
Know of the love, love that lies low, so
C
Why can't you say, if you know then,
G
Why can't you say?
F
You've got so much deceit, and deceit kills the light,
G                                     D            E
Light needs to shine, I said shine light, shine light.

*Chorus 2*

```
A                           F♯m
Love, that's no way to live your life
                  B           E                  G♯m  B
You allow too much to go by, and that won't do, no
A                              F♯m
Lover, I want to have you here by my side
                  B                E                        G♯m   E
Now don't you run, don't you hide, while I'm with you.
```

*Verse 4*

```
     A
An' I can't keep it in, can't keep it in
     E
I've gotta let it out.
     D
I've got to show the world, world's got to see
E
See all the love, love that's in me, I said...
```

*Verse 5*

```
       A
I said, why walk alone?
             E
Why worry when it's warm over here?
             D
You've got so much to say, say what you mean.
E
Mean what you're thinking, and think anything, why not...

| Asus4  A | Asus4  A ||

Esus4  E                  | Esus4  E
Now why why why not?

| Dsus4  D | Dsus4  D | Csus4  C | C        |

| Esus4  E |   E      | E        ||
```

# Born Free

Words by Don Black
Music by John Barry

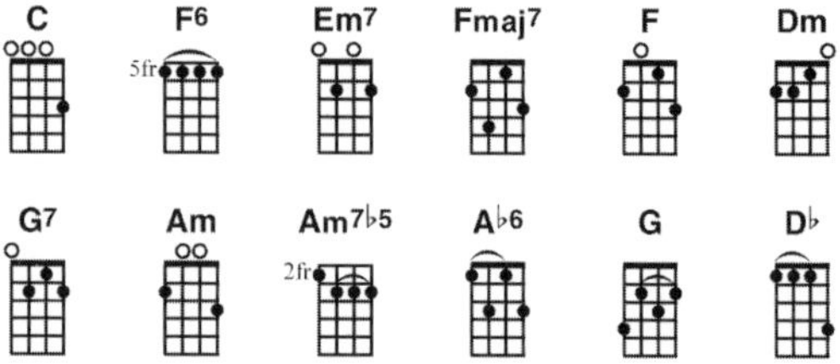

*Intro* | C | C | F6 | F6 |
| Em7 | Fmaj7 | C | C ||

*Chorus 1*

C F C F
Born free,___ as free as the wind blows
Em7
As free as the grass grows
Dm C G7
Born free to follow your heart
C F C F
Live free___ and beauty sur - rounds you
Em7
The world still a - stounds you
Dm G7
Each time you look at a star

*Verse 1*

Dm G7 Am
Stay free,___ where no walls di - vide you
Am7♭5
You're free as the roaring tide
A♭6 G G7
So there's no need to hide

```
              C          F                      C        F
Chorus 2      Born free,____ and life is worth living
                                Em7
              But only worth living
                     Dm          C
              'Cause you're born free

Instrumental  | F       | F       | Em7     | Dm      | C       | G7      ||

              Dm         G7                            Am
Verse 2       Stay free,____ where no walls di - vide you
                                  Am7♭5
              You're free as the roaring tide
                 A♭6                G      G7
              So there's no need to hide

              C          F                      C        F
Chorus 3      Born free,____ and life is worth living
                                Em7
              But only worth living
                     Dm          C
              'Cause you're born free

              | D♭      | C       ||
```

# Bye Bye Love

Words & Music by Felice Bryant & Boudleaux Bryant

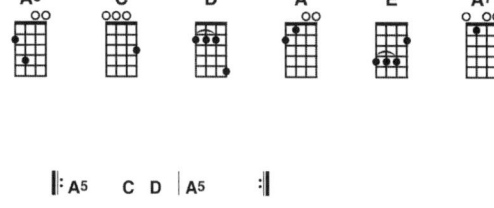

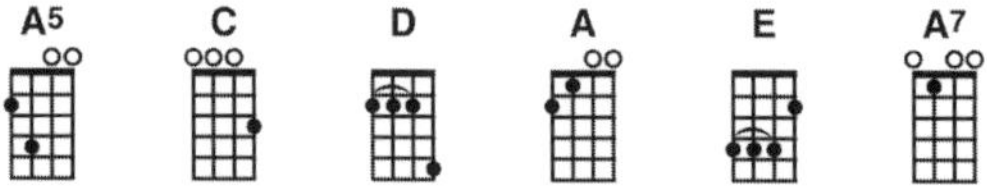


*Intro* ‖: A5 C D | A5 :‖

*Chorus 1*

D A
Bye bye love,
D A
Bye bye happiness,
D A
Hello loneliness,
E A
I think I'm-a gonna cry-y.
D A
Bye bye love,
D A
Bye bye sweet caress,
D A
Hello emptiness,
E A
I feel like I could di-ie.
E A
Bye bye my love goodby-eye,

*Verse 1*

N.C. E A
There goes my baby with someone new,
E A A7
She sure looks happy, I sure am blue.
D E
She was my baby 'til he stepped in,
A A7
Goodbye to romance that might have been.

```
           D       A
Chorus 2   Bye bye love,
           D       A
           Bye bye happiness,
           D       A
             Hello loneliness,
                          E      A
           I think I'm-a gonna cry-y.
           D       A
           Bye bye love,
           D       A
           Bye bye sweet caress,
           D       A
             Hello emptiness,
                      E      A
           I feel like I could di-ie.
                         E        A
           Bye bye my love goodby-eye.
```

# Can't Get You Out Of My Head

Words & Music by Cathy Dennis & Rob Davis

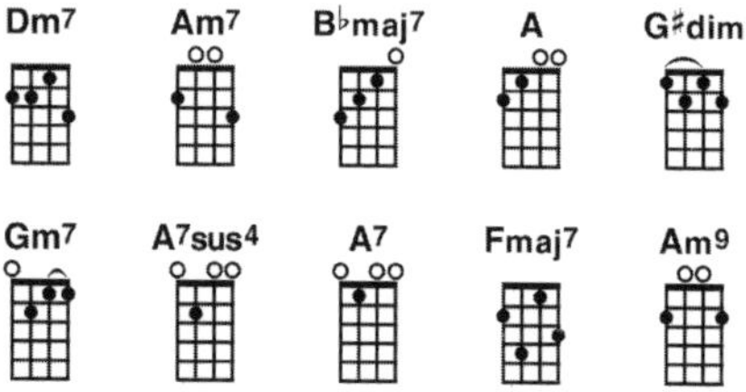


*Intro* ‖: Dm7 | Am7 | Dm7 | Am7 :‖

*Link 1*
Dm7
La la la, la la la la la,
Am7
La la la, la la la la la.
Dm7
La la la, la la la la la,
Am7
La la la, la la la la la.

*Chorus 1*
Dm7
I just can't get you out of my head,
Am7
Boy your loving is all I think about.
Dm7
I just can't get you out of my head,
Am7
Boy it's more than I dare to think about.

*Link 2*
Dm7
La la la, la la la la la,
Am7
La la la, la la la la la.

*Chorus 2*
Dm7
I just can't get you out of my head,
Am7
Boy, your loving is all I think about.

```
            Dm7
cont.       I just can't get you out of my head,
                Am7
            Boy, it's more than I dare to think about.

            B♭maj7 A
Verse 1     Every  night,
            G♯dim  A
            Every  day,
            Gm7                        A7sus4
            Just to be there in your arms,
                      Dm7          Am7
            Won't you stay?___________
                      Dm7            Am7
            Won't you     lay,___________
                     B♭maj7                A7
            Stay for - ever and ever and ever and ever.

Link 3      As Link 1

Chorus 3    As Chorus 2

            B♭maj7   A   G♯dim   A
Verse 2     There's a dark secret in    me,
            Gm7                                 A7sus4
            Don't leave me locked in your heart.
                    Dm7    Am7
            Set me free,____
                      Dm7              Am7
            Feel the     need____ in   me,
                    Dm7        Fmaj7 Am9
            Set me free,____
                      B♭maj7            N.C.       A7
            Stay for - ever and ever and ever and ever.

Link 4      As Link 1

                      Dm7
Outro       ||: I just can't get you out of my head,
              Am7
            (La la la, la la la la la.) :||  Repeat to fade
```

# Candle In The Wind

Words & Music by Elton John & Bernie Taupin

E A F♯m7 B B7 Esus4 C♯m7

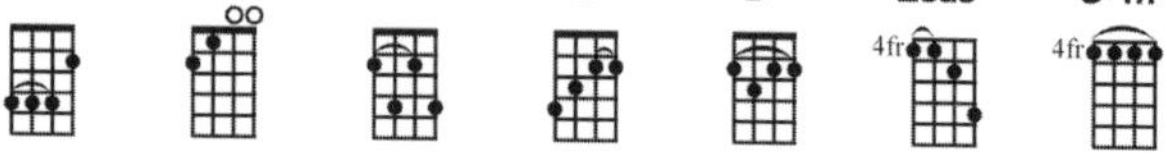


*Intro* | E A E F♯m7 | E B B7 ||

*Verse 1*

```
E
Goodbye Norma Jean,
                  A
Though I never   knew you at all
                          E
You had the grace to hold yourself,
                              A
While those around you crawled.
                            E
They crawled out of the woodwork,
                          A
And they whispered   into your brain,
                         E
They set you on the treadmill
                                      A
And they made you change your name.
```

*Chorus 1*

```
        B                              B7
And it seems to me you lived your life
        E                    A
Like a candle in the wind,
        E                  Esus4
Never knowing who to cling to
           B
When the rain set in.
       A
And I would have liked to have known you,
            C♯m7
But I was just a kid,
                          B
Your candle burned out long before
       A                 E  F♯m7
Your legend ever did.
```

*Link 1*

```
| E  Esus4  E | B  A  E  F♯m7 | E  B  B7 ||
```

*Verse 2*

```
E
Loneliness was tough,
                 A
The toughest role   you ever played.
                           E
Hollywood created a superstar,
                               A
And pain was the price you paid.
                 E
Even when you died,
          A
Oh the press still hounded you,
                 E
All the papers had to say
                             A
Was that Marilyn was found in the nude.
```

*Chorus 2* As Chorus 1

*Link 2* As Link 1

*Verse 3*

```
E
Goodbye Norma Jean,
              A
Though I never   knew you at all
                         E
You had the grace to hold yourself,
                                  A
While those around you crawled.
E
Goodbye Norma Jean,
                              A
From the young man in the 22nd row
                                E
Who sees you as something more than sexual,
                             A
More than just our Marilyn Monroe.
```

*Chorus 3* As Chorus 1

*Outro*

```
E                             B
   Your candle burned out long before
     A                   E   F#m7  E
Your legend ever did.
```

# Creeque Alley

Words & Music by John Phillips & Michelle Phillips

B7 E7 F♯7 D7

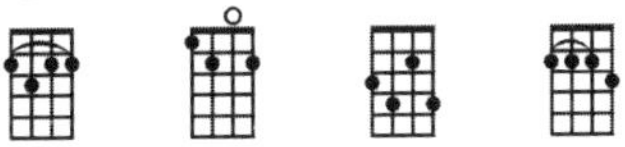

*Intro* | B7 | B7 | B7 | B7 |
| B7 | B7 | B7 | B7 ||

*Verse 1*

B7
John and Mitchie were gettin' kind of itchy

Just to leave the folk music behind.
E7
Zal and Denny workin' for a penny,
B7
Tryin' to get a fish on the line.
F♯7
In a coffee house Sebastian sat
E7
And after every number they'd pass the hat.
B7
Mc - Guinn and McGuire's just a - gettin' higher
E7
In L.A., you know where that's at.
D7 B7
And no one's gettin' fat except Mama Cass.

*Verse 2*

B7
Zally said "Denny, you know there aren't many

Who can sing a song the way that you do, let's go south".
E7
Denny said "Zally, golly, don't you think that I wish
B7
I could play guitar like you".
F♯7
Zal, Denny and Sebastian sat (at the Night Owl)

*cont.*

```
    E7
And after every number they'd pass the hat.
     B7
Mc - Guinn and McGuire still a - gettin' higher
                                 E7
In L.A., you know where that's at.
                     D7           B7
And no one's gettin' fat except Mama Cass.
```

*Verse 3*

```
       B7
When Cass was a sophomore, planned to go to Swarthmore,

But she changed her mind one day.
E7
Standin' on the turnpike, thumb out to hitchhike,
B7
"Take me to New York right away."
       F♯7
When Denny met Cass he gave her love bumps,
E7
Called John and Zal and that was the Mugwumps.
     B7
Mc - Guinn and McGuire couldn't get no higher
                                 E7
But that's what they were aimin' at.
                     D7           B7
And no one's gettin' fat except Mama Cass.
```

*Verse 4*

```
B7
Mugwumps, high jumps, slow slumps, big bumps,

Don't you work as hard as you play.
E7
Make up, break up, everything is shake up,
B7
Guess it had to be that way.
    F♯7
Se - bastian and Zal formed the Spoonful,
    E7
Mi - chelle, John, and Denny gettin' very tuneful.
```

*cont.*

```
   B7
Mc - Guinn and McGuire just a - catchin' fire
                                    E7
In L.A., you know where that's at.
                             D7             B7
And everybody's gettin' fat except Mama Cass.

Do de do do, do de de do do, whoah, oh.
```

*Instrumental*

```
| B7   | B7   | B7   | B7   |
| E7   | E7   | B7   | B7   ||
| F#7  | F#7  | E7   | E7   |
| B7   | B7   | B7   | E7   ||
| E7   | D7   | B7   | B7   ||
```

*Verse 5*

```
B7
Broke, busted, disgusted, agents can't be trusted,

And Mitchie wants to go to the sea.
E7
Cass can't make it, she says we'll have to fake it.
   B7
We knew she'd come eventually.
F#7
Greasin' on American Express cards,
E7
Tent's low rent, but keeping out the heat's hard.
B7
Duffy's good vibrations and our imaginations
                              E7
Can't go on indefinite - ly,
                                    D7             B7
And California Dreamin' is be - comin' a reali - ty.
```

*Outro*

```
| E7   | D7   | B7   | B7   |
| E7   | D7   | B7   ||
```

# Crazy

Words & Music by Thomas Callaway, Brian Burton,
Gianfranco Reverberi & Gian Piero Reverberi

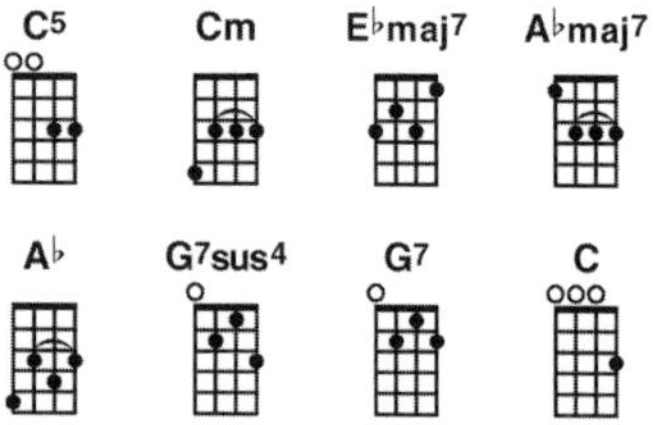


*Intro* | C5 |

*Verse 1*
Cm E♭maj7
I remember when, I remember, I remember when I lost my mind,
A♭maj7
There was something so pleasant about that place.
A♭ G7sus4 G7
Even your emotions had an echo, in so much space.
Cm E♭maj7
And when you're out there, without care, yeah, I was out of touch.
A♭maj7 A♭
But it wasn't because I didn't know enough,
G7sus4 G7
I just knew too much.

*Chorus 1*
Cm
Does that make me cra - zy?
E♭maj7
Does that make me cra - zy?
A♭maj7 A♭
Does that make me cra - zy?
G7sus4 G7
Possibly.

*Bridge 1*
C A♭maj7 A♭
And I hope that you are having the time of your life.
E♭maj7 G7sus4 G7
But think twice, that's my only advice.

Cm
*Verse 2* Come on now, who do you, who do you, who do you,
E♭maj7
Who do you think you are?
A♭maj7 A♭
Ha ha ha bless your soul,
G7sus4 G7
You really think you're in con - trol.

Cm
*Chorus 2* Well, I think you're cra - zy,
E♭maj7
I think you're cra - zy,
A♭maj7 A♭
I think you're cra - zy,
G7sus4 G7
Just like me.

C A♭maj7 A♭
*Bridge 2* My heroes had the heart to lose their lives out on a limb.
E♭maj7 G7sus4 G7
And all I re - member is thinking, I want to be like them.

Cm
*Verse 3* Ever since I was little, ever since I was little,
E♭maj7
It looked like fun.
A♭maj7 A♭
And it's no coincidence I've come,
G7sus4 G7
And I can die when I'm done.

Cm
*Chorus 3* But maybe I'm cra - zy?
E♭maj7
Maybe you're cra - zy?
A♭maj7 A♭
Maybe we're cra - zy.
G7sus4 G7
Probably.

C A♭maj7 E♭maj7 G7sus4 G7 C
*Coda* Mm, ooh, ooh, ooh, ooh, ooh, ooh, mm.

# Crazy Crazy Nights

Words & Music by Paul Stanley & Adam Mitchell

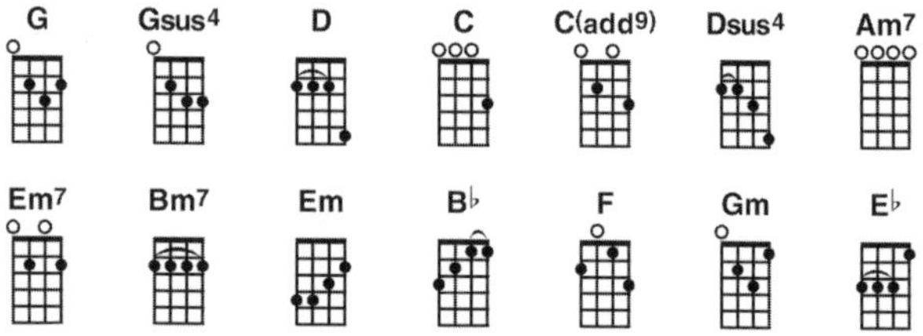


```
Intro     | G  Gsus4  G  D | C   G   D    |
            Whoa!

            G          Gsus4  G                    C          G  D
Spoken:       Here's a little   song for everybody   out there.

            G  Gsus4  G   D  C    G     D        G Gsus4 G | C  G  D |
Verse 1        People  try  to  take my   soul away,
            G  Gsus4       G   D   C  G      D        G Gsus4 G | C  G  D |
               But I don't hear the rap that  they all say.
            C(add9)                 Dsus4
               They try to tell us we don't belong,
            Am7                      Em7     Dsus4
            That's all right, we're millions strong.
            Am7                 Bm7
            This is my music, it makes me proud,
            C(add9)                        Am7      D
            These are my people and this is my crowd.

                          G      D      Em    C(add9)  D        C  D
Chorus 1    These are crazy, crazy, crazy, crazy     nights.
                          G      D      Em    C(add9)  D        C  D  C
            These are crazy, crazy, crazy, crazy     nights.

            G  Gsus4      G    D   C  G            D     G  Gsus4 G | C  G  D |
Verse 2        Sometimes days are so  hard to survive:
            G    Gsus4  G       C   G    D     G   Gsus4 G | C  G  D |
               A million ways to bu - ry    you alive.
            C(add9)                     Dsus4
               The sun goes down like a bad, bad dream;
```

```
cont.              Am7                     Em7  Dsus4
             You're wound up tight, gotta let off steam.
                 Am7                       Bm7
             They say they can break you again and again.
               C(add9)       Am7      D
             If life is a radio, turn up to ten.

                        G      D      Em    C(add9) D        C  D
Chorus 2     These are crazy, crazy, crazy, crazy    nights.
                        G      D      Em    C(add9) D        C  D
             These are crazy, crazy, crazy, crazy    nights.

                        B♭     F      Gm    E♭    F       E♭  F
Chorus 3     These are crazy, crazy, crazy, crazy nights.
                        B♭     F      Gm    E♭    F       E♭  F
             These are crazy, crazy, crazy, crazy nights.

Guitar solo  |: G   Dsus4 | Em7  C(add9) | D         | D        :|

                  C(add9)                Dsus4
Verse 3      And they try to tell us that we don't belong,
                 Am7                   Em7     Dsus4
             But that's all right, we're millions strong.
             Am7                 Bm7
             You are my people, you are my crowd,
             C(add9)             D                C
             This is our music, we love it loud.

Link         | G Gsus4 G      D | C  G  D   |
Spoken:                     Yeah,
             G       Gsus4   G                    C  G  D
               And nobody's gonna change me,
             G           Gsus4     G      C  G
                'Cause that's who I am.

               C      D  G      D      Em    C(add9) D       C  D
Chorus 4     |: These are crazy, crazy, crazy, crazy    nights.
                       G      D      Em    C(add9) D       C  D
             These are crazy, crazy, crazy, crazy    nights.      :|

                          B♭     F      Gm    E♭    F       E♭  F
Chorus 5     |: These are crazy, crazy, crazy, crazy nights.
                        B♭     F      Gm    E♭    F       E♭  F
             These are crazy, crazy, crazy, crazy nights.        :|  Repeat to fade
```

# Do You Believe In Magic

Words & Music by John Sebastian

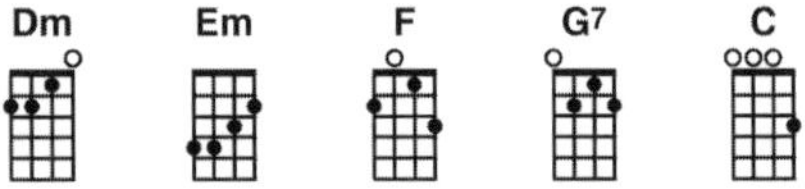

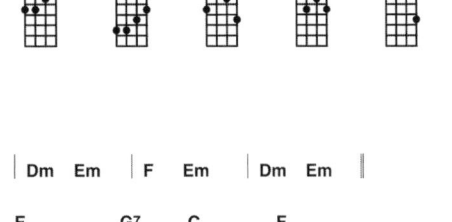

*Intro* | Dm Em | F Em | Dm Em ||

*Verse 1*

F G7 C F
Do you be - lieve in magic in a young girl's heart?
C F
How the music can free her, when - ever it starts
C F
And it's magic, if the music is groovy
C F
It makes you feel happy like an old-time movie

*Chorus 1*

Dm Em F Em
I'll tell you about the magic, and it'll free your soul
G7
But it's like trying to tell a stranger 'bout rock and roll

*Verse 2*

C F
If you believe in magic, don't bother to choose
C F
If it's jug band music or rhythm and blues
C F
Just go and listen it'll start with a smile
C F
It won't wipe off your face no matter how hard you try

*Chorus 2*

Dm Em F Em
Your feet start tapping and you can't seem to find
G7
How you got there, so just blow your mind

*Instrumental* | F | F | C | C |

| Dm Em | F Em | G7 ||

*Verse 3*
```
                       C               F
If you believe in magic, come a - long with me
     C                                F
We'll dance until morning 'til there's just you and me
    C             F
And maybe, if the music is right
   C                             F
I'll meet you tomorrow, sort of late at night
```

*Chorus 3*
```
    Dm      Em               F          Em
And we'll go dancing, baby, then you'll see
         G7
How the magic's in the music and the music's in me
C                          F
Yeah, do you believe in magic?
            Dm          Em         F            Em
Yeah, be - lieve in the magic of a young girl's soul
     Dm         Em        F        Em
Be - lieve in the magic of rock and roll
     Dm         Em                F       Em
Be - lieve in the magic that can set you free
G7
Oh, talking 'bout magic
```

*Outro*
```
     F
‖: Do you believe like I believe?

Do you believe like I believe? :‖   Repeat ad lib. to fade
```

# Do You Realize??

Words & Music by Wayne Coyne, Steven Drozd,
Michael Ivins & Dave Fridmann

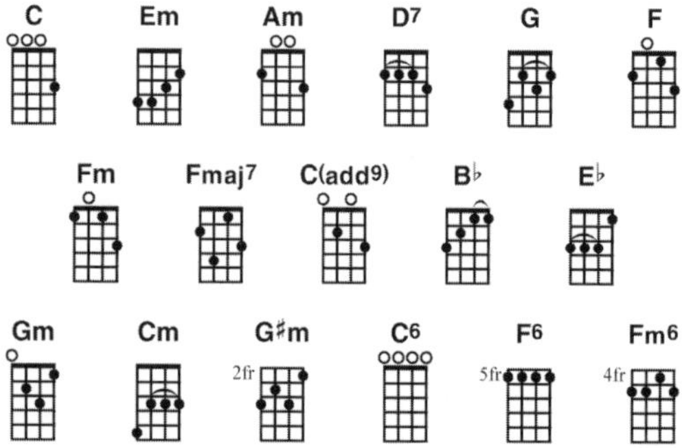

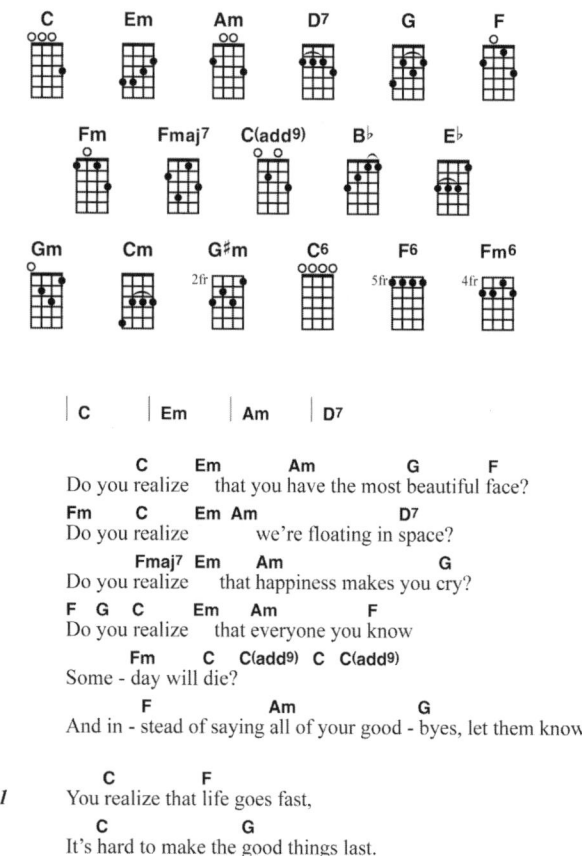

*Intro* | C | Em | Am | D7

*Verse 1*

```
            C     Em          Am              G        F
Do you realize    that you have the most beautiful face?
Fm          C     Em  Am                  D7
Do you realize          we're floating in space?
            Fmaj7 Em      Am                       G
Do you realize     that happiness makes you cry?
F   G   C         Em     Am            F
Do you realize    that everyone you know
          Fm       C   C(add9) C C(add9)
Some - day will die?
            F               Am              G
And in - stead of saying all of your good - byes, let them know...
```

*Bridge 1*

```
       C          F
You realize that life goes fast,
      C               G
It's hard to make the good things last.
       C              Em
You realize the sun doesn't go down,
      G             F             G              C      Fm
It's just an illusion caused by the world spinning round.
```

*Verse 2*

```
B♭      E♭                 Gm  Cm  G♯m
Do you realize? Oh, oh, oh.______
G       C      Em    Am          F
Do you realize    that everyone you know
        Fm      C    C(add9)
Some - day will die,
         F               Am                  G
And in - stead of saying all of your good - byes, let them know...
```

*Bridge 2*

```
    C6
You realize that life goes fast,
   F6
It's hard to make the good things last.
    C6
You realize the sun doesn't go down,
   F6              Fm               Fm6  Fm          Am    G
It's just an illusion caused by the world    spinning round.
```

*Outro*

```
F  G  C      Em         Am              G        F
Do you realize     that you have the most beautiful face?
Fm     C
Do you realize?
```

# The Dolphins

Words & Music by Fred Neil

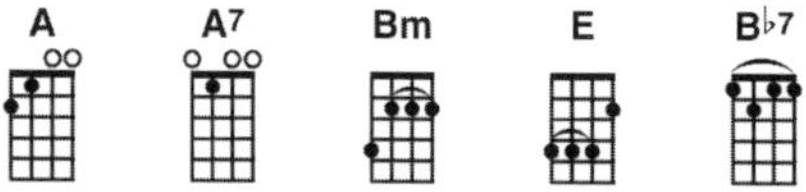

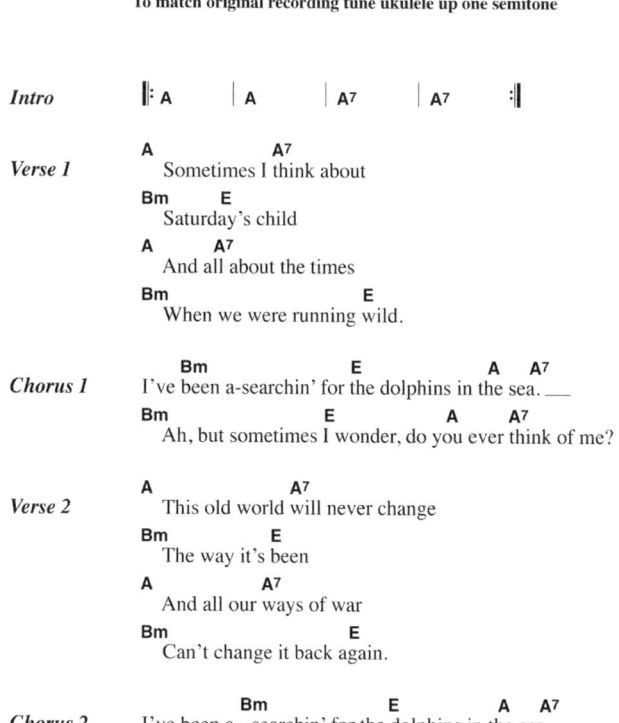

**To match original recording tune ukulele up one semitone**

*Intro*

```
|: A    | A    | A7    | A7    :|
```

*Verse 1*

```
A                A7
   Sometimes I think about
Bm        E
   Saturday's child
A        A7
   And all about the times
Bm                        E
   When we were running wild.
```

*Chorus 1*

```
      Bm                     E               A    A7
I've been a-searchin' for the dolphins in the sea. __
Bm                       E             A      A7
   Ah, but sometimes I wonder, do you ever think of me?
```

*Verse 2*

```
A                  A7
   This old world will never change
Bm              E
   The way it's been
A                A7
   And all our ways of war
Bm                      E
   Can't change it back again.
```

*Chorus 2*

```
                Bm               E               A    A7
I've been a - searchin' for the dolphins in the sea. __
Bm                       E             A      A7
   Ah, but sometimes I wonder, do you ever think of me?
```

```
            A                A7
Verse 3       Lord, I'm not the one to tell
            Bm                  E
              This old world how to get along
            A                    A7
              I only know that peace will come
            Bm                          E
              When all our hate is gone.

                          Bm          E                       A     A7
Chorus 3    I've been a-searchin' for the dolphins in the sea. ___
            Bm                  E                 A           A7
              Ah, but sometimes I wonder, do you ever think of me?

            A                    A7
Outro         This old world will never change,
            A                    A7
              This old world will never change,
            A
              This old world
            A7                B♭7     A
              Will never change. ___
```

# Don't Stop

Words & Music by Christine McVie

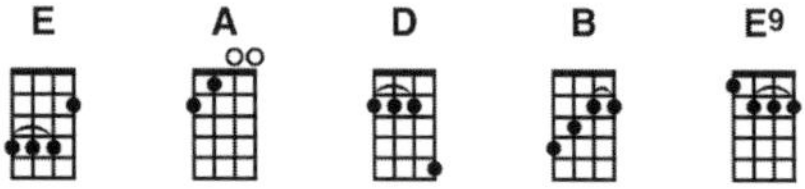


*Intro* ‖: E A | E A | E A | E A :‖

*Verse 1*
E D A
If you wake up and don't want to smile;
E D A
If it takes just a little while,
E D A
Open your eyes, look at the day
B
You'll see things in a different way.

*Chorus 1*
E E9 A
Don't stop thinking about tomorrow,
E E9 A
Don't stop, it'll soon be here:
E E9 A
It'll be better than before.
B
Yesterday's gone, yesterday's gone.

*Link 1* | E D | A | E D | A ‖

*Verse 2*
E D A
Why not think about times to come
E D A
And not about the things that you've done?
E D A
If your life was bad for you
B
Just think what tomorrow will do.

*Chorus 2* As Chorus 1

*Link 2 +*
*Guitar solo*

| B | B |: E D | A :| *Play 3 times*

| B | B | B | B ||

*Verse 3*

```
E       D          A
   All I want is to see you smile,
E       D            A
   If it takes just a little while.
E                  D        A
   I know you don't believe that it's true,
B
   I never meant any harm to you.
```

*Chorus 3*

```
E      E9   A
Don't stop thinking about tomorrow,
E      E9    A    N.C.
Don't stop, it'll soon be here:
E       E9 A
   It'll be better than before.
B
Yesterday's gone, yesterday's gone.
```

*Chorus 4*

```
E      E9   A
Don't stop thinking about tomorrow,
E      E9    A
Don't stop, it'll soon be here:
E       E9 A
   It'll be better than before.
B
Yesterday's gone, yesterday's gone.
```

*Coda*

```
   E    E9   A                   E     E9   A
|: Ooh, ______ don't you look back. ______ :|
```
*Repeat to fade*

# Don't Stop Believin'

Words & Music by Steve Perry, Neal Schon & Jonathan Cain

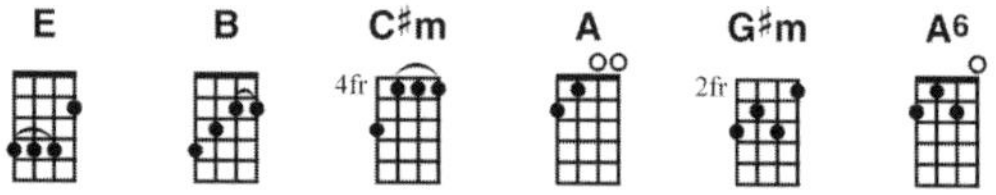


*Intro*

```
| E    | B    | C♯m  | A    |
| E    | B    | G♯m  | A    ||
```

*Verse 1*

```
E       B                  C♯m        A
   Just a small town girl       livin' in a lonely world,
E            B                              G♯m  A
   She took the midnight train goin' any - where.
E       B            C♯m                    A
   Just a city boy       born and raised in south Detroit,
E            B                             G♯m  A
   He took the midnight train goin' any - where.
```

*Link 1*

```
| E    | B    | C♯m  | A    |
| E    | B    | G♯m  | A    ||
```

*Verse 2*

```
E                B
   A singer in a smokey room,
C♯m                    A
   A smell of wine and cheap perfume.
E                      B
   For a smile they can share the night,
         G♯m           A
It goes on and on and on and on.
```

*Chorus 1*

```
A6      A  A6    A   G#m E                   G#m    E
Strang - ers wait - ing,      up and down the boule - vard,
       A6   A     A6    A            G#m E  G#m  E
Their sha - dows search - ing in the night.
A6      A     A6   A G#m  E                  G#m  E
Street - lights peo - ple,      living just to find e - motion,
A6   A  A6    A            B    E   B E A
Hid - ing some - where in the night.___________
```

*Link 2*

```
| E      | B      | C#m    | A      ||
```

*Verse 3*

```
E               B
   Working hard to get my fill,
C#m            A
   Everybody wants a thrill.
E                    B
   Payin' anything to roll the dice
   G#m        A
Just one more time.
E                   B
   Some will win,   some will lose,
C#m                     A
   Some were born to sing the blues.
E              B
Oh, the movie never ends,
      G#m             A
It goes on and on and on and on.
```

*Chorus 2*

```
A6      A  A6    A   G#m E                   G#m    E
Strang - ers wait - ing,      up and down the boule - vard,
       A6   A     A6    A            G#m E  G#m  E
Their sha - dows search - ing in the night.
A6      A     A6   A G#m  E                  G#m  E
Street - lights peo - ple,      living just to find e - motion,
A6   A  A6    A            B    E   B E A
Hid - ing some - where in the night.___________
```

***Guitar solo***

| E | B | C♯m | A |

| E | B | G♯m | A ||

***Outro***

```
E          B
Don't stop believin',
C♯m          A
   Hold on to the feelin',
E            B            G♯m  A
Streetlight    people.________
E          B
Don't stop believin',
C♯m          A
Hold on,____
E            B            G♯m  A
Streetlight    people.________
E          B
Don't stop believin',
C♯m              A
Hold on to that feelin',
E            B            G♯m  A
Streetlight    people.________    To fade
```

# Eye Of The Tiger

Words & Music by Jim Peterik & Frank Sullivan III

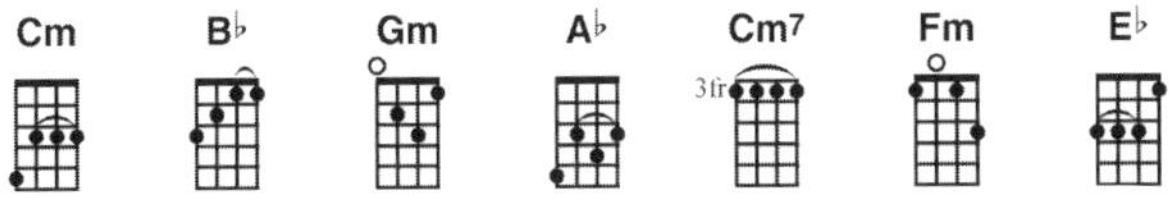


*Intro*

| Cm | Cm | Cm | Cm |

𝄆 Cm (N.C.) Cm B♭ Cm | (N.C.) Cm B♭ Cm |

| (N.C.) Cm Gm A♭ | A♭ 𝄇 *Play 4 times*

| Cm | Cm |

*Verse 1*

```
Cm                 A♭
   Risin' up, back on the street
B♭                           Cm
   Took my time, took my chances
                                  A♭
Went the distance, now I'm back on my feet,
      B♭                        Cm
Just a man and his will to survive.
                          A♭
So many times, it happens too fast,
B♭                                   Cm
   You trade your passion for glory
                                 A♭
Don't lose your grip on the dreams of the past
            B♭                 Cm
You must fight just to keep them alive.
```

```
             (B♭ Cm7)  Fm                                E♭          B♭
Chorus 1     It's the        eye of the tiger, it's the thrill of the fight,
                    Fm                              Cm7  B♭
             Risin' up to the challenge of our ri   -   val
             B♭  Cm7  Fm                                   E♭           B♭
             And the   last known survivor stalks his prey in the night
             Cm7       Fm           Gm
             And he's watching us all with the
             A♭   N.C.       Cm
             Eye        of the tiger.


             Cm                A♭
Verse 2        Face to face, out in the heat,
             B♭                          Cm
               Hangin' tough, stayin' hungry
                                               A♭
             They stack the odds still we take to the street
                     B♭                           Cm
             For the kill with the skill to survive.


             (B♭ Cm7)  Fm                                E♭          B♭
Chorus 2     It's the        eye of the tiger, it's the thrill of the fight,
                    Fm                              Cm7  B♭
             Risin' up to the challenge of our ri   -   val
             B♭  Cm7  Fm                                   E♭           B♭
             And the   last known survivor stalks his prey in the night
             Cm7       Fm           Gm
             And he's watching us all with the
             A♭   N.C.       Cm
             Eye        of the tiger.


             Cm             A♭
Verse 3        Risin' up, straight to the top
             B♭                        Cm
               Had the guts, got the glory
             Cm                                      A♭
               Went the distance, now I'm not gonna stop,
                   B♭                        Cm
             Just a man and his will to survive.
```

*Chorus 3*

```
(B♭ Cm7) Fm                            E♭           B♭
It's the       eye of the tiger, it's the thrill of the fight,

Cm7   Fm                             Cm7  B♭
Risin' up to the challenge of our ri  -  val

B♭   Cm7 Fm                              E♭          B♭
And the   last known survivor stalks his prey in the night

Cm7      Fm             Gm
And he's watching us all with the

A♭   N.C.        Cm
Eye        of the tiger.

| Cm (N.C.) Cm   B♭ Cm | (N.C.)      Cm   B♭ Cm |

| (N.C.)      Cm Gm A♭ | A♭                      |
                            The eye of the

||: Cm (N.C.) Cm   B♭ Cm | (N.C.)      Cm   B♭ Cm |
    tiger.

| (N.C.)      Cm Gm A♭ | A♭                      :|| Repeat to fade
                            The eye of the
```

# Empire State Of Mind (Part II) Broken Down

Words & Music by Alicia Keys, Sylvia Robinson, Shawn Carter,
Angela Hunte, Bert Keyes, Alexander Shuckburgh & Janet Sewell

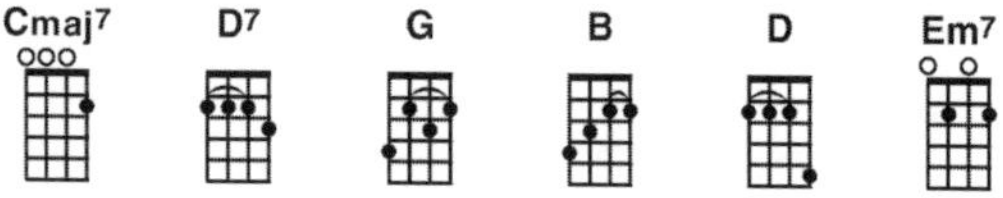


**To match original recording tune ukulele down one semitone**

*Intro*
Cmaj7 D7 G Cmaj7
Ooh, New York,
G Cmaj7 D7 (G)
Ooh, New York.

*Verse 1*
G Cmaj7 D7
Grew up in a town that is famous as a place of movie scenes.
G Cmaj7 D7
Noise is always loud, there are sirens all around and the streets are mean.
G Cmaj7 D7
If I can make it here, I can make it anywhere, that's what they say.
G
Seeing my face in lights or my name on marquees
Cmaj7 D7
found down on Broad - way.

*Pre-chorus 1*
B
Even if it ain't all it seems, I got a pocketful of dreams,
Cmaj7
Baby, I'm from New York.

*Chorus 1*
Cmaj7 G
Concrete jungle where dreams are made of,
D Cmaj7
There's nothing you can't do now you're in New York.
G
These streets will make you feel brand new,
D
Big lights will in - spire you,
Cmaj7 D7 (G)
hear it for New York, New York, New York.

*Verse 2*

G Cmaj7 D7
On the avenue there ain't never a curfew, ladies work so hard.

G Cmaj7 D7
Such a melting pot, on the corner selling rock, preachers pray to God.

G Cmaj7 D7
Hail a gypsy cab, takes me down from Harlem to the Brooklyn Bridge.

G Cmaj7 D7
Some will sleep tonight with a hunger far more than an empty fridge.

*Pre-chorus 2*

B
I'm gonna make it by any means, I got a pocketful of dreams,

Cmaj7
Baby, I'm from New York.

*Chorus 2*

Cmaj7 G
Concrete jungle where dreams are made of,

D Cmaj7
There's nothing you can't do now you're in New York.

G
These streets will make you feel brand new,

D
Big lights will in - spire you,

Cmaj7 D7 (Cmaj7)
hear it for New York, New York, New York.

*Bridge*

Cmaj7
One hand in the air for the big city,

Street lights, big dreams all looking pretty.

D
No place in the world that can compare,

Em7 B
Put your lighters in the air, everybody say yeah, yeah, yeah, yeah.

*Chorus 3*

Cmaj7
New York,

G
Concrete jungle where dreams are made of,

D Cmaj7
There's nothing you can't do now you're in New York.

G
These streets will make you feel brand new,

D Cmaj7 D7 G
Big lights will in - spire you, hear it for New York.

# Games People Play

Words & Music by Joe South

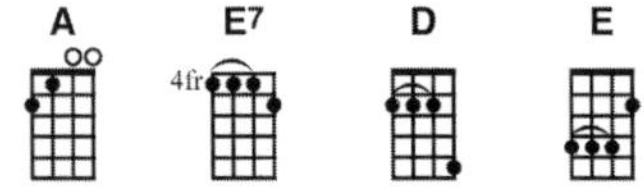


*Intro* ‖: A | E7 | D E | A :‖

A<br>
La, la, la-la, la, la<br>
E7<br>
La, la, la-la, la, da-dee<br>
D E<br>
La, la, la, la-la<br>
A<br>
La, la, la-la, la

*Verse 1*

Oh the games people play now<br>
E7<br>
Every night and every day now<br>
D E<br>
Never meaning what they say now<br>
A<br>
And never saying what they mean

While they while away the hours<br>
E7<br>
In their ivory towers<br>
D<br>
'Til they're covered up with flowers<br>
E A<br>
In the back of a black limou - sine

*Chorus 1*

A<br>
La, la, la-la, la, la<br>
E7<br>
La, la, la-la, la, da-dee<br>
D E<br>
Talking 'bout you and me<br>
A<br>
And the games people play

```
Verse 2     Though we make one another cry
                                      E7
            Break our hearts when we say goodbye
                                       D         E
            Cross our hearts and we'll hope to die
                                  A
            Said the other was to blame

            Neither one will ever give in
                                   E7
            Though we gaze at an eight by ten
                                              D              E
            Thinking 'bout the things that might have been
                                   A
            And it's a dirty rotten shame

                            A
Chorus 2    La, la, la-la, la, la
                            E7
            La, la, la-la, la, da-dee
                          D          E
            Talking 'bout you and me
                                  A
            And the games people play


Bridge      | D      | E      | D      | E      |

            | A      | E7     | D  E   | A      ||


Verse 3     People walking up to you
                                E7
            Singing glory halle - lujah
                                         D      E
            And they're trying to sock it to you
                                A
            In the name of the Lord

            Gonna teach you how to meditate
                                        E7
            Read your horoscope and cheat your fate
                                   D          E
            And furthermore to hell with hate
                              A
            Come on get on board
```

```
                                    A
Chorus 3      La, la, la-la, la, la
                                    E7
              La, la, la-la, la, da-dee
                                     D              E
              Talking 'bout you and me
                                               A
              And the games people play

Verse 4       Look around tell me what you see
                                              E7
              What's happening to you and me
                                          D         E
              God grant me the serenity
                                          A
              To remember who I am

              'Cause you've given up your sanity
                                                 E7
              All your pride and your vanity
                                           D          E
              Turn your back on humanity
                                            A
              And you don't give a damn

                                      A
Chorus 4      |: La, la, la-la, la, la
                                    E7
              La, la, la-la, la, da-dee
                                     D              E
              Talking 'bout you and me
                                               A
              And the games people play :|  Repeat to fade
```

# Gold Dust Woman

Words & Music by Stevie Nicks

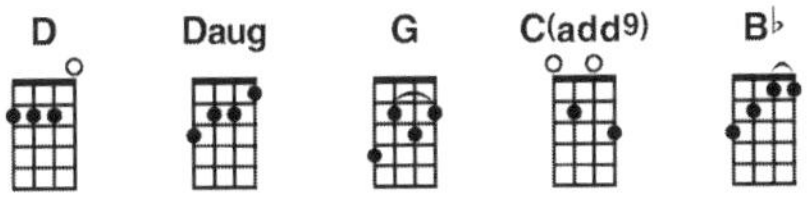

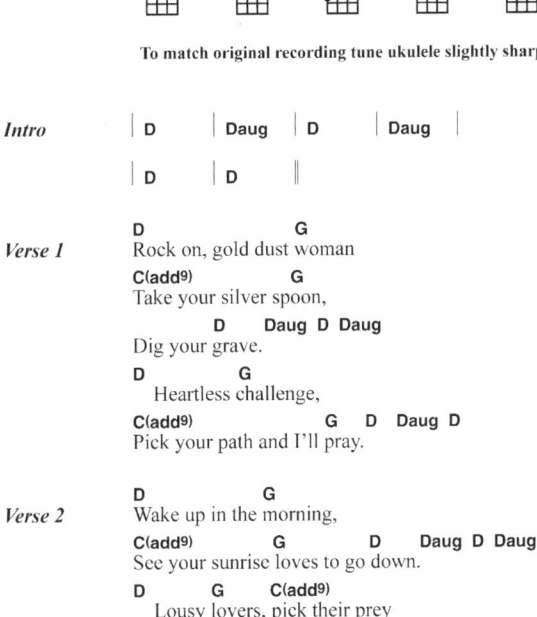

**To match original recording tune ukulele slightly sharp**

*Intro*

| D | Daug | D | Daug |

| D | D ||

*Verse 1*

```
D                    G
Rock on, gold dust woman
C(add9)             G
Take your silver spoon,
            D      Daug  D  Daug
Dig your grave.
D           G
   Heartless challenge,
C(add9)                    G    D   Daug  D
Pick your path and I'll pray.
```

*Verse 2*

```
D                G
Wake up in the morning,
C(add9)           G            D      Daug  D  Daug
See your sunrise loves to go down.
D          G       C(add9)
   Lousy lovers, pick their prey
            G           D     Daug        D
But they never cry out loud,       cry out...
```

```
                   B♭
Chorus 1   Well did she make you cry?
           G
           Make you break down,
           C(add9)                D
           Shatter your illusions of love?
                       B♭
           And is it over now?
           G
           Do you know how
           C(add9)                   D     Daug  D  Daug  D
           Pick up the pieces and go home.

           D                  G
Verse 3    Rock on, ancient queen
           C(add9)             G            D      Daug  D  Daug
           Follow those who pale in your shadow.
           D                     G
           Rulers make bad lovers,
                  C(add9)       G                  D    Daug      D
           You better put your kingdom up for sale,        up for sale.

                   B♭
Chorus 2   Well did she make you cry?
           G
           Make you break down,
           C(add9)                D
           Shatter your illusions of love?
                       B♭
           Well is it over now?
           G
           Do you know how
           C(add9)                   D
           Pick up the pieces and go home.
```

```
                    B♭
Chorus 3      Well did she make you cry?
              G
              Make you break down,
              C(add9)                 D
              Shatter your illusions of love?
                           B♭
              Now tell me is it over now?
              G
              Do you know how
                 C(add9)                 D     Daug
              To pick up the pieces and go home?
                 D      Daug        D      Daug     D
              Go home,           go home...

Instrumental  ||: D      | D      | D      | D      :||

                        D
Outro         Oh pale shadow of a woman...

              Black widow...

              Pale shadow of a dragon...

              Dust woman...

              Oh pale shadow of a woman,

              Black widow,

              Oh pale shadow, she's a dragon,

              Gold dust woman,

              Woman,

              Woman...

              ||: D      | D      :|| Repeat to fade
```

# Flowers On The Wall

Words & Music by Lewis C. DeWitt

G7 C Am D7 F

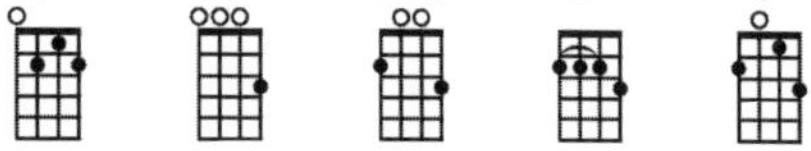

**To match original recording tune ukulele down one semitone**

*Intro* | G7 | G7 ||

*Verse 1*
C Am
I keep hearin' you're concerned about my happiness,
D7 G7
But all that thought you've given me is conscience, I guess
C Am
If I were walkin' in your shoes, I wouldn't worry none,
D7
While you and your friends are worryin' 'bout me,
G7
I'm havin' lots of fun.

*Chorus 1*
Am
Countin' flowers on the wall,

That don't bother me at all,

Playin' solitaire 'til dawn,

With a deck of fifty-one,
F
Smokin' cigarettes and watchin' 'Captain Kangaroo,'
G7
Now don't tell me,
N.C.
I've nothin' to do.

*Verse 2*

```
        C                                  Am
Last night I dressed in tails, pretended I was on the town,
    D7                                G7
As long as I can dream it's hard to slow this swinger down.
    C                                       Am
So please don't give a thought to me, I'm really doin' fine,
D7                                  G7
You can always find me here and havin' quite a time.
```

*Chorus 2*

As Chorus 1

*Verse 3*

```
    C                              Am
It's good to see you, I must go, I know I look a fright,
D7                             G7
Anyway, my eyes are not accustomed to this light,
C                                     Am
And my shoes are not accustomed to this hard concrete,
    D7                                   G7
So I must go back to my room and make my day complete.
```

*Chorus 3*

```
              Am
Countin' flowers on the wall,

That don't bother me at all,

Playin' solitaire 'til dawn,

With a deck of fifty-one,
             F
Smokin' cigarettes and watchin' 'Captain Kangaroo,'
                  G7
Now don't tell me,
N.C.
   I've nothin' to do.
              G7
Don't tell me,
N.C.
   I've nothin' to do.

| G7   | G7   | C    | C    ||
```

# God Put A Smile Upon Your Face

Words & Music by Guy Berryman, Chris Martin,
Jon Buckland & Will Champion

D♭ E6 E♭7 Dmaj7 Amaj7 F♯(add9)

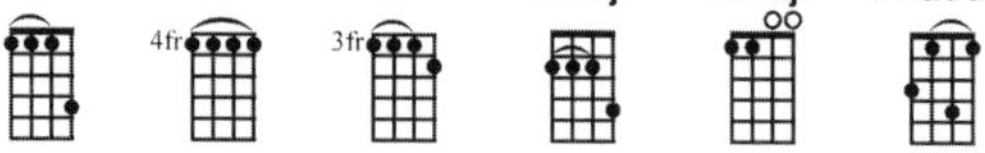

*Intro*

| D♭ | E6 | E♭7 | E♭7 Dmaj7 |
| D♭ | E6 | E♭7 | Dmaj7 ‖

*Verse 1*

D♭ E6 E♭7 Dmaj7
Where do we go, nobody knows!
D♭ E6 E♭7 Dmaj7
I've gotta say I'm on my way down.
D♭ E6 E♭7 Dmaj7
God give me style and give me grace.
D♭ E6 E♭7 Dmaj7
God put a smile upon my face. ______

*Guitar Solo 1*

| D♭ | E6 | E♭7 | E♭7 Dmaj7 |
| D♭ | E6 | E♭7 | Dmaj7 ‖

*Verse 2*

D♭ E6 E♭7 Dmaj7
Where do we go to draw the line?
D♭ E6 E♭7 Dmaj7
I've gotta say I've wasted all your time, honey, honey
D♭ E6 E♭7 Dmaj7
Where do I go to fall from grace?
D♭ E6 E♭7 Dmaj7
God put a smile upon your face. Yeah.

*Chorus 1*

Amaj7 E6 F♯(add9) Amaj7
And ah ______ when you work it out I'm worse than you. ______
E6 F♯(add9) Amaj7
Yeah, when you work it out I wanted to. ______
E6 F♯(add9) Amaj7
And ah, when you work out where to draw the line, ______
E6 F♯(add9)
Your guess is as good as mine.

*Guitar Solo 2*

| D♭ | E6 | E♭7 | E♭7 Dmaj7 |

| D♭ | E6 | E♭7 | Dmaj7 ||

*Verse 3*

D♭ E6 E♭7 Dmaj7
Where do we go nobody knows

D♭ E6 E♭7 Dmaj7
Don't ever say you're on your way down

D♭ E6 E♭7 Dmaj7
When God gave you style and gave you grace,

D♭ E6 E♭7 Dmaj7
And put a smile upon your face, oh yeah.

*Chorus 2*

Amaj7 E6 F♯(add9) Amaj7
And ah, when you work it out I'm worse than you. ______

E6 F♯(add9) Amaj7
Yeah, when you work it out I wanted to. ______

E6 F♯(add9) Amaj7
And ah, when you work out where to draw the line, ______

E6 F♯(add9) D♭ E6 E♭7
Your guess is as good as mine. ______

Dmaj7 D♭ E6 E♭7
It's as good as mine. ______

Dmaj7 D♭ E6 E♭7
It's as good as mine. ______

Dmaj7 D♭ E6
It's as good as mine. ______

E♭7
Na na na na na na na na na na

Dmaj7 Amaj7 E6
It's as good as mine. ______

F♯(add9) Amaj7 E6
It's as good as mine. ______

F♯(add9) Amaj7 E6 F♯(add9)
It's as good as mine. ______

*Outro*

D♭ E6 E♭7 Dmaj7
Where do we go nobody knows

D♭ E6 E♭7 Dmaj7
Don't ever say you're on your way down

D♭ E6 E♭7 Dmaj7
When God gave you style and gave you grace

D♭ E6 E♭7 Dmaj7 (fermata)
And put a smile upon your face.

# Golden Touch

Words & Music by Johnny Borrell

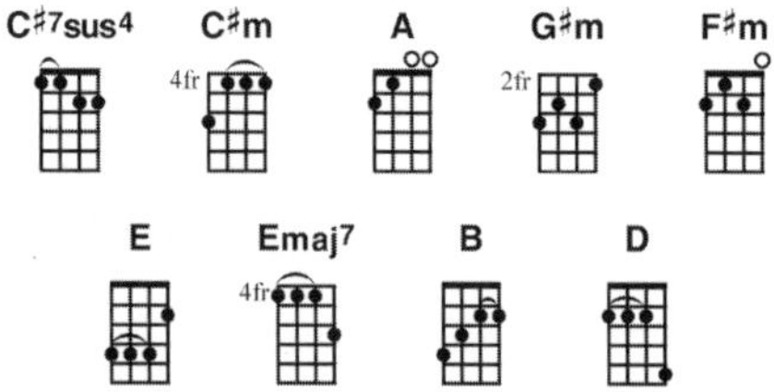


*Intro* | C♯7sus4 | C♯7sus4 | C♯m | C♯m ||

*Verse 1*

A G♯m C♯m
I know a girl with the golden touch.
F♯m G♯m C♯m
She's got e - nough, she's got too much.
E Emaj7 C♯m
But I know, you wouldn't mind,
F♯m G♯m
You could have it all if you wanted,
F♯m G♯m C♯m | C♯m | C♯m | C♯m ||
You could have it all if it mattered so much.

*Chorus 1*

C♯m B A F♯m G♯m
But then all they know is how to put you down.
C♯m B
When you're there, they're your friend,
A F♯m G♯m
But then when you're not around
C♯m B
They say, "Oh, she's changed",
A F♯m G♯m
Huh, you know what they mean.
C♯m B
When they're mean, they're just jealous
A
Because they never do the things
F♯m G♯m C♯m | C♯m | C♯m | C♯m ||
That they wish that they could do so well.

```
                A                 G♯m                         C♯m
Verse 2            That kind of girl, yes she's never a - lone.
                F♯m               G♯m                              C♯m
                   You leave a thousand messages on her phone.
                E             Emaj7                  C♯m
                   But you know you never get through,
                F♯m                          G♯m
                   And you could have it all if you wanted, girl.
                F♯m                     G♯m               C♯m  | C♯m  | C♯m  | C♯m  ‖
                   You could have it all if it matters to you.

                        C♯m    B       A                F♯m    G♯m
Chorus 2        But then all they know is how to put you down.
                           C♯m                   B
                When you're there, they're your friend,
                   A                         F♯m     G♯m
                But then when you're not around
                          C♯m      B
                They say, "Oh, she's      changed",
                A                            F♯m    G♯m
                   Oh we know what that means.
                      C♯m                  B
                Well it means they're just jealous
                          A
                But they'll never do the things
                         F♯m                      G♯m   C♯m  | C♯m  | C♯m  | C♯m  |
                That they wish that they could do so   well.

                | C♯m     | C♯m     | C♯m     | C♯m     ‖

                A               G♯m                C♯m
Verse 3            I saw my girl with the golden touch.
                F♯m            G♯m                C♯m
                   Give them a taste but not too much.
                E                Emaj7                    C♯m
                   I just can't listen to the words of fools.
                D              A              C♯m
                   But don't give away too much,
                D                    A                  C♯m
                   Someone will need your golden touch.
```

***Chorus 3***

```
        C♯m      B       A              F♯m    G♯m
Because all they know is how to put you down.
            C♯m                B
When you're there, they're your friend
     A                         F♯m   G♯m
Then   when you're not around
           C♯m       B
They say, "Oh, she's changed",
A                          F♯m    G♯m
  Yeah, we know what that means.
       C♯m                 B
Well it means they're just jealous
        A
They'll never do the things
          F♯m                   G♯m   C♯m | C♯m ‖
That they wish that they could do so well.
```

***Chorus 4***

```
        C♯m      B       A              F♯m    G♯m
Because all they know is how to put you down.
            C♯m                B
When you're there, they're your friend
         A                   F♯m     G♯m
And then   when you're not around
           C♯m       B
They say, "Oh, she's   changed",
A                      F♯m    G♯m
  Oh, I know what that means.
       C♯m                 B
Well it means they're just jealous,
        A
They'll never do the things
          F♯m                   G♯m   C♯m | C♯m ‖
That they wish that they could do so  well.
```

***Outro***

```
           F♯m
No, they'll never do the things
          G♯m                        C♯m   | C♯m ‖
That they wish that they could do so well.
        F♯m
They'll never do the things
          G♯m                        C♯m   | C♯m ‖
That they wish that they could do so well.
           F♯m
No, they'll never do the things
          G♯m                       C♯m        | C♯m ‖
That they wish that they could do so      well.
```

# Guitar Man

Words & Music by Jerry Reed

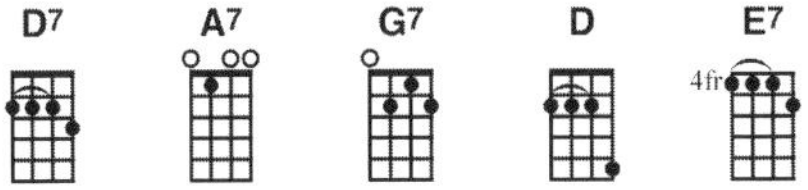


**To match original recording tune ukulele slightly flat**

*Intro* | D7 | D7 | D7 A7 ||

*Verse 1*

D7
Well, I quit my job down at the car wash,

Left my mama a goodbye note;

By sundown I'd left Kingston,

With my guitar under my coat.

G7
I hitchhiked all the way down to Memphis,

Got a room at the YMCA;

D7
For the next three weeks I went huntin' them nights,

Just lookin' for a place to play.

A7
Well, I thought my pickin' would set 'em on fire

G7 N.C. D
But nobody wanted to hire a guitar man.

| D7 A7 ||

*Verse 2*

D7
Well, I nearly 'bout starved to death down in Memphis,

I run outta money and luck,

So I bought me a ride down to Macon, Georgia,

On a overloaded poultry truck.

*cont.*

G7
I thumbed on down to Panama City,

Started pickin' out some o' them all night bars,
D7
Hopin' I could make myself a dollar,

Makin' music on my guitar.
A7
I got the same old story at them all night piers,
G7 N.C. D7
"There ain't no room around here for a guitar man

We don't need a guitar man, son."

*Bridge*

G7
So I slept in the hobo jungles,

Roamed a thousand miles of track
D7
Till I found myself in Mobile Alabama,

At a club they call Big Jack's.
G7
A little four-piece band was jammin',

So I took my guitar and I sat in,
E7
I showed 'em what a band would sound like,
A7
With a swingin' little guitar man.

"Show 'em, son!"

*Solo*

| D7 | G7 | D7 | D |

| D7 | D7 | G7 | D7 |

| A7 G7 | D7 | D7 A7 ||

*Verse 3*

D7
If you ever take a trip down to the ocean,

Find yourself down around Mobile,

Make it on out to a club called Jack's.

If you got a little time to kill

G7
Just follow that crowd of people,

You'll wind up out on his dance floor,

D7
Diggin' the finest little five-piece group,

Up and down the Gulf of Mexico.

A7
Guess who's leadin' that five-piece band?

G7 N.C. D7
Well, wouldn't ya know, it's that swingin' little guitar man.

*Outro*

| D7 | G7 | D7 | D |

| D7 | D7 | G7 | D7 |

| A7 G7 | D7 ||

*Fade out*

# Have A Nice Day

Words & Music by Kelly Jones, Stuart Cable & Richard Jones

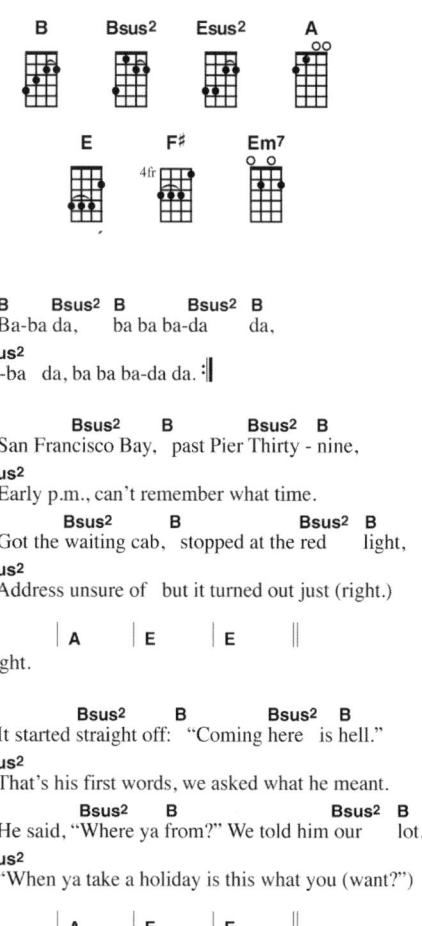

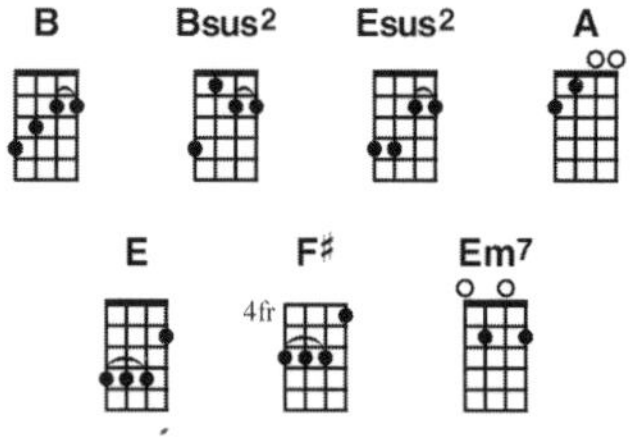


*Intro*

B Bsus2 B Bsus2 B
𝄆 Ba-ba da, ba ba ba-da da,
Esus2
Ba-ba da, ba ba ba-da da. 𝄇

*Verse 1*

B Bsus2 B Bsus2 B
San Francisco Bay, past Pier Thirty - nine,
Esus2
Early p.m., can't remember what time.
B Bsus2 B Bsus2 B
Got the waiting cab, stopped at the red light,
Esus2
Address unsure of but it turned out just (right.)

| A | A | E | E ‖
right.

*Verse 2*

B Bsus2 B Bsus2 B
It started straight off: "Coming here is hell."
Esus2
That's his first words, we asked what he meant.
B Bsus2 B Bsus2 B
He said, "Where ya from?" We told him our lot.
Esus2
"When ya take a holiday is this what you (want?")

| A | A | E | E ‖
want?"

```
                          B
Chorus 1         So have a   nice day,
                        Esus2
                 Have a    nice day,
                         B
                 Have a    nice day,
                        Esus2
                 Have a    nice day.

                 B        Bsus2          B          Bsus2   B
Verse 3             Lie around all day,   have a drink, a chase.
                 Esus2
                    Yourself and tourists, yeah, that's what I  hate.
                 B                      Bsus2          B                Bsus2      B
                    He said, "We're going wrong,    we've all become the same:
                 Esus2
                    We dress the same ways, only our accents (change.")

                 | A        | A       | E        | E        ||
                   change."

Chorus 2         As Chorus 1

Solo             | F#       | F#       | Esus2    | Esus2    |

                 | F#       | F#       | Esus2    | Em7      ||
                    B      Bsus2  B          Bsus2  B
                 |: Ba-ba da,      ba ba ba-da       da,
                 Esus2
                 Ba-ba   da, ba ba ba-da da.            :|

                 B                 Bsus2   B          Bsus2   B
Verse 4             Swim in the ocean,      that be my       dish:
                 Esus2
                    I drive around all day and kill processed fish.
                 B         Bsus2          B          Bsus2   B
                    It's all money-gum,   no artists any  -  more;
                 Esus2
                    You're only in it now to make more, more, (more.)

                 | A        | A       | E        | E        ||
                   more.

Chorus 2         |: As Chorus 1 :|  Repeat to fade
```

# Have You Ever Really Loved A Woman?

Words & Music by Bryan Adams, R.J. Lange & Michael Kamen

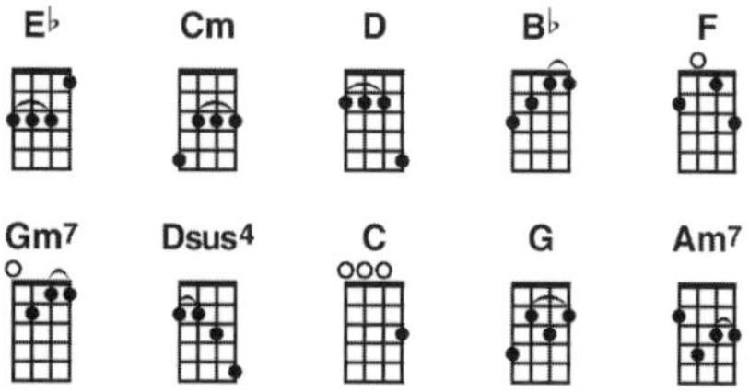


*Intro* | *Free time* (E♭) (Cm) (D) ||

*Verse 1*

```
                             E♭
To really love a woman,
                  Cm                                 D
To understand her, you gotta know her deep inside.
                  B♭                          F              Gm7
Hear every thought, see every dream
                    F
And give her wings when she wants to fly.
                         Cm                                                    Dsus4   D
Then when you find yourself lying helpless in her arms ____
                                       C      G
You know you really love a woman.
```

*Chorus 1*

```
                  G
When you love a woman
                                                      D
You tell her that she's really wanted.

When you love a woman
                                              G
You tell her that she's the one.

'Cause she needs somebody to tell her
                          Am7  D        Am7   D
That it's gonna last ____ forever,
       Am7                                   D
So tell me have you ever really,
Am7                     D          G
Really, really ever loved a woman?
```

```
                 E♭
Verse 2     To really love a woman
                    Cm                D
            Let her hold you till you know how she needs to be touched.
                        B♭                F           Gm7
            You've gotta breathe her, really taste her
                         F
            Till you can feel her in your blood.
                             Cm                               Dsus4  D
            And when you can see your unborn children in her eyes ____
                                C      G
            You know you really love a woman.

                 G
Chorus 2    When you love a woman
                                           D
            You tell her that she's really wanted.

            When you love a woman
                                        G
            You tell her that she's the one.

            'Cause she needs somebody to tell her
                               Am7 D    Am7      D
            That you'll always be ___ together.
                    Am7              D
            So tell me have you ever really,
            Am7                  D       G
            Really, really ever loved a woman?

                       E♭                         F
Bridge      You got to give her some faith, hold her tight,
                     G
            A little tenderness, gotta treat her right.
            D                                              G
            She will be there for you, taking good care of you,

            You really gotta love your woman.
```

*Solo* | E♭ | Cm | D |

| D B♭ F | B♭ | F Gm7 | F ||

*Link*

F Cm Dsus4 D
And when you find yourself lyin' helpless in her arms ___

C/G G
You know you really love a woman.

*Chorus 3*

G
When you love a woman

D
You tell her that she's really wanted.

When you love a woman

G
You tell her that she's the one.

'Cause she needs somebody to tell her

Am7 D Am7 D
That it's gonna last ___ forever,

Am7 D
So tell me have you ever really,

Am7 D G
Really, really ever loved a woman?

*Coda*

Am7 D
Just tell me have you ever really,

Am7 D G
Really, really ever loved a woman?

Am7 D
Just tell me have you ever really,

Am7 D G
Really, really ever loved a woman?

# Love Of The Common People

Words & Music by John Hurley & Ronnie Wilkins

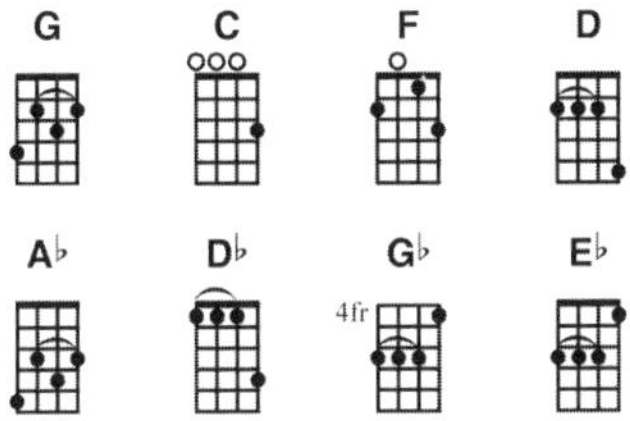


*Intro* | G | C | G | G ||

*Verse 1*

G
Living on free food tickets, water in the milk from a hole in the roof
F C D
Where the rain came through. What can you do?
G
Tears from your little sister, crying 'cause she doesn't have a
F
Dress without a patch for the party to go.
C D
Oh but you know she'll get by.

*Chorus 2*

G C
'Cause she's living in the love of the common people,
G D
Smile's from the heart of a fam - ily man.
G C
Daddy's gonna buy you a dream to cling to,
G D G | G ||
Mama's gonna love you just as much as she can and she can.

*Verse 2*

G
It's a good thing you don't have a busfare,

It would fall through the hole in your pocket and you'd lose it
        F
In the snow on the ground.
                                C               D
You got to walk into town to find a job.
G
Tryin' to keep your hands warm

When the hole in your shoe lets the snow come through
      F
And chills you to the bone.
                                C                D
Now you'd better go home where it's warm.

*Chorus 2*

                    G                        C
Where you can live in a love of the common people,
G                                     D
Smile from the heart of a family man.
G                              C
Daddy's gonna buy you a dream to cling to,
G                                       D                              G | G |
Mama's gonna love you just as much as she can and she can.

*Link 1*

|: A♭ | D♭ | A♭ | A♭ :|

*Verse 3*

A♭
Living on a dream ain't easy but the closer the knit the tighter the fit
           G♭                                         D♭              E♭
And the chills stay away. You take 'em in stride for family pride.
A♭
You know that faith is in your foundation

And with a whole lot of love and a warm conversation
     G♭                                   D♭              E♭
But don't forget to pray. Making it strong where you belong.

```
                    A♭                               D♭
Chorus 3    And we're living in the love of the com - mon people,
            A♭                          E♭
            Smile's from the heart of a family man.
            A♭                         D♭
            Daddy's gonna buy you a dream to cling to,
            A♭                              E♭                        A♭
            Mama's gonna love you just as much as she can and she can.

            A♭                          D♭
Chorus 4    Living in the love of the com - mon people,
            A♭                         E♭
            Smiles from the heart of a family man.
            A♭                         D♭
            Daddy's gonna buy you a dream to cling to,
            A♭                              E♭                        A♭
            Mama's gonna love you just as much as she can and she can.  To fade
```

# He'll Have To Go

Words & Music by Joe Allison & Audrey Allison

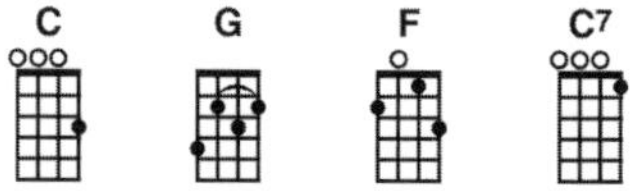


**To match original recording tune ukulele up one semitone**

*Intro* | C | G | C | G ||

```
           C                   F          C
Verse 1    Put your sweet lips a little closer to the phone,
                                          G
           Let's pretend that we're together all a - lone.
                  C                C7              F
           I'll tell the man to turn the juke-box way down low,
                  C                    G                C  G
           And you can tell your friend there with you, he'll have to go.

           C               F          C
Verse 2    Whisper to me, tell me do you love me true,
                                 G
           Or is he holding you the way I do?
                     C                 C7         F
           Though love is blind, make up your mind, I've got to know
                C                  G              C  G
           Should I hang up, or will you tell him he'll have to go?
```

***Bridge***

```
           F                              C                    C7
You can't say the words I want to hear while you're with another man,
         F                                 C          C7
Do you want me? Answer yes or no, darlin' I will under - stand.
```

***Verse 3***

```
         C                F          C
Put your sweet lips a little closer to the phone,
                                           G
Let's pretend that we're together all a - lone.
          C           C7                F
I'll tell the man to turn the juke-box way down low,
               C                 G                    C
And you can tell your friend there with you, he'll have to go.
```

# Here She Comes Now

Words & Music by Lou Reed, John Cale, Sterling Morrison & Maureen Tucker

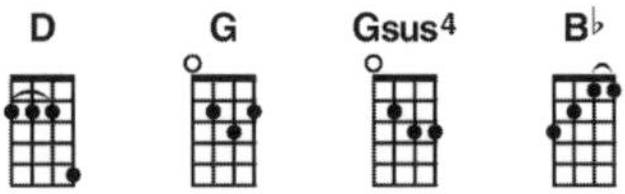


*Intro*
```
| D    | G    | D    | G    |
| D    | G    | D    | G    ||
```

*Verse 1*
```
D                 G
Now, if she ever comes now, now,
            D
If she ever comes now, now,
            G
If she ever comes now,
D                 G
Now, if she ever comes now, now,
            D
If she ever comes now, now,
            G
If she ever comes now.
```

*Chorus 1*
```
D  G    D   G         Gsus4  G
Oh,       it looks so good,
D  G    D     G            Gsus4  G
Oh,       she's made out of wood,
              B♭
Just look and see.
```

*Link*
```
| D    | G    | D    | G    |
| D    | G    | D    | G    ||
```

*Verse 2* As Verse 1

*Chorus 2* As Chorus 1

*Outro*

```
D           G
   Oh, it's made out of wood
                   D
Just look and see now,
                  G
‖: If she ever comes, if she ever comes now,
D
Now, now, now,
G                              D
         If she ever, ever, ev - er comes,

N - n - n - now, now,
G                               D
          If she ever, ever, ever comes,

N - n - n - now, now,    :‖    Repeat to fade
```

# Highway To Hell

Words & Music by Angus Young, Malcolm Young & Bon Scott

A5 D G5 E5 Dsus4

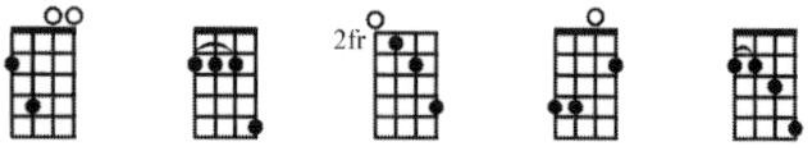


*Intro* A5 ‖: N.C. D G5 | N.C. D G5 |
| D G5 D A5 | A5 N.C. A5 :‖

*Verse 1*
A5 D G5 D G5
Livin' easy, livin' free,
D G5 D A5
Season ticket on a one way ride.
D G5 D G5
Askin' nothin', leave me be,
D G5 D A5
Takin' ev'ry - thin' in my stride.
D G5 D G5
Don't need reason, don't need rhyme,
D G5 D A5
Ain't nothin' I'd rather do.
D G5 D G5
Goin' down, party time,
D G5 D E5
My friends are gonna be there too.

*Chorus 1*
E5 A5 D
I'm on the highway to Hell,
G5 D A5 D
On the highway to Hell.
G5 D A5 D
I'm on the highway to Hell,
G5 D A5 D | D A5 ‖
I'm on the highway to Hell.

*Verse 2*
A5 D G5 D G5
No stop signs, speed limit,
D G5 D A5
Nobody's gonna slow me down.

```
                D     G5              D       G5
cont.       Like a wheel,     gonna spin it,
            D      G5     D       A
                 Nobody's gonna mess me around.
                 D     G5               D       G5
            Hey Satan,         pay'n' my dues,
            D     G5      D       A
                     Playin' in  a rockin' band.
                     D      G5              D       G5
            Hey, Momma,          look at me,
            D        G5      D          E5
            I'm on my way to the promised land.

            E5                A             D
Chorus 2       I'm on the highway to Hell,
            G5       D        A              D
                              Highway to Hell.
            G5       D        A             D
               I'm on the highway to Hell,
            G5       D        A              D        | D      Dsus4      D   |
                              Highway to Hell.
            D                 | D      Dsus4      D   | D      Dsus4      D   ||
            Don't stop me!

Guitar solo  |: A          D | D        G5  D   :|  Play 4 times

            (G5      D)       A             D
Chorus 3       I'm on the highway to Hell,
            G5  D        A             D
                 On the highway to Hell.
            G5       D        A             D
               I'm on the highway to Hell,
            G5       D        A                     | N.C.  G5   D   ||
               I'm on the highway to...

                           A            D
Chorus 4    I'm on the highway to Hell,
            G5  D        A             D
                 On the highway to Hell.
            G5       D        A             D
               I'm on the highway to Hell,
            G5       D        A             D
               I'm on the highway to Hell.
                                                A
            And I'm goin' down all the way,

            On the highway to Hell.
```

# I Have A Dream

Words & Music by Benny Andersson & Björn Ulvaeus

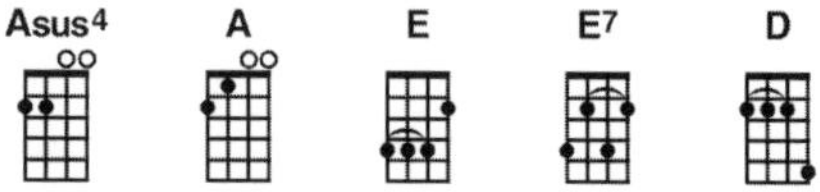


**To match original recording tune ukulele up one semitone**

*Intro* | Asus4 | A | A | E |
| E | A |

*Verse 1*
A E7
I have a dream,
A
A song to sing
E7
To help me cope
A
With anything.
E7
If you see the wonder
A
Of a fairy tale,
E7
You can take the future
A
Even if you fail.

*Chorus 1*
E7
I believe in angels,
D A
Something good in everything I see.
E7
I believe in angels
D A
When I know the time is right for me.
E7
I'll cross the stream,
A
I have a dream.

*Verse 2*

```
A          E7              A
  I have a dream, a fantasy
               E7          A
To help me through reality.
                 E7
And my destination
                        A
Makes it worth the while,
                            E7
Pushing through the darkness,
                A
Still another mile.
```

*Chorus 2*

```
               E7
I believe in angels,
                         D          A
Something good in everything I see.
               E7
I believe in angels
                       D              A
When I know the time is right for me.
                 E7
I'll cross the stream,
            A
I have a dream.
                 E7
I'll cross the stream,
           Asus4  A
I have a dream.__
```

*Instrumental* | A | E | A Asus4 | Asus4 A |

| A | E | E | A ||

*Verse 3* As Verse 1

*Chorus 3* As Chorus 2

*Outro* |: A | E | A Asus4 | Asus4 A |

| A | E | E |

| A Asus4 | Asus4 A :| *Repeat to fade*

# I'll Have To Say I Love You In A Song

Words & Music by Jim Croce

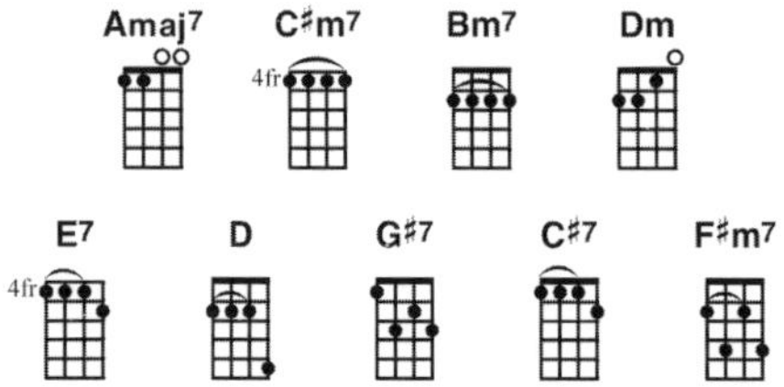


*Intro* | Amaj7 | C♯m7 | Bm7 | Dm E7 |
| Amaj7 | C♯m7 | Bm7 | Dm E7 ||

*Verse 1*
```
          Amaj7            C♯m7 Bm7                E7
Well, I know it's kinda late,      I hope I didn't wake you.
          Amaj7          C♯m7 Bm7                        E7
What I gotta say can't wait,     I know you'd under - stand.
```

*Chorus 1*
```
D                                G♯7                        C♯7                    F♯m7  D
  'Cause every time I tried to tell you, the words just came out wrong
          Amaj7          E7                 D      A  E7
So, I'll have to say I love you in a song.
```

*Verse 2*
```
           Amaj7             C♯m7    Bm7                  E7
Yeah, I know it's kinda strange,     every time I'm near you.
              Amaj7              C♯m7 Bm7                          E7
I just run out of things to say,        I know you'd under - stand.
```

*Chorus 2* As Chorus 1

*Solo* | Amaj7 | C♯m7 | Bm7 | Bm7 E7 |
| Amaj7 | C♯m7 | Bm7 | Bm7 E7 ||

```
           D                            G#7
*Chorus 3*   'Cause every time the time was right,
                 C#7                    F#m7  D
           All the words just came out wrong
                  Amaj7     E7            D     A  E7
           So, I'll have to say I love you in a song.

                  Amaj7        C#m7   Bm7               E7
*Verse 3*    Yeah, I know it's kinda late,       I hope I didn't wake you.
                     Amaj7                     C#m7  Bm7
           But there's something that I just gotta say,
                               E7
           I know you'd under - stand.
```

*Chorus 4* As Chorus 1

*Outro*

| Amaj7 | C#m7 | Bm7 | Dm E7 |

| Amaj7 | C#m7 | Bm7 | Dm E7 | Amaj7 ||

# I’m So Lonesome I Could Cry

Words & Music by Hank Williams

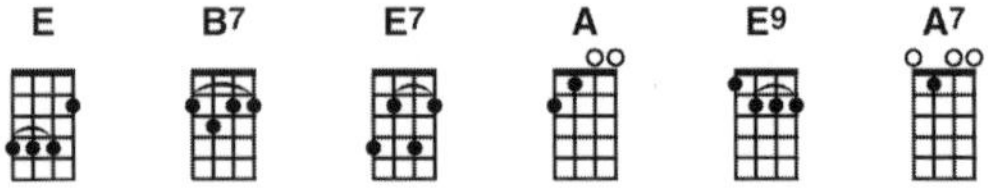


*Intro* | E | B7 | E | E |

*Verse 1*

E
Hear that lonesome whippoorwill,
E7
He sounds too blue to fly.
A E
The midnight train is whining low,
B7 E
I’m so lonesome I could cry.

*Verse 2*

E
I’ve never seen a night so long,
E7
When time goes crawling by.
A E
The moon just went be - hind the clouds
B7 E
To hide its face and cry.

***Instrumental 1*** | E | E | E | E | E | E | E9 | E9 |

| A7 | A7 | E | E | E | B7 | E | E ||

***Verse 3***

E
Did you ever see a robin weep
E7
When leaves began to die?
A E
Like me he's lost the will to live
B7 E
I'm so lonesome I could cry.

***Instrumental 2*** | E | E | E | E | E | E | E | E7 |

| A | A | E | E | E | B7 | E | E ||

***Verse 4***

E
The silence of a falling star
E7
Lights up a purple sky
A E
And as I wonder where you are,
B7 E
I'm so lonesome I could cry.

# In My Room

Words & Music by Brian Wilson & Gary Usher

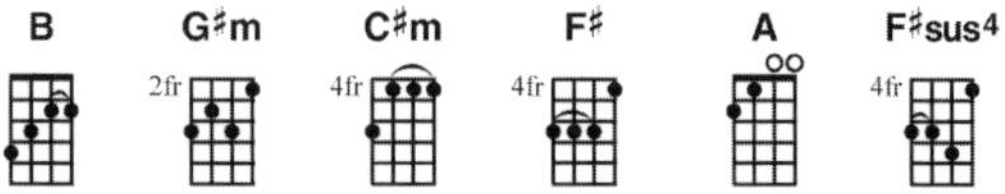


*Intro* | B | G♯m | C♯m | F♯ |

*Verse 1*

B
There's a world where
A B G♯m
I can go and tell my secrets to.
C♯m A F♯
In my roo - m,
B A B
In my roo - m.

*Verse 2*

B
In this world I lock out
A B G♯m
All my worries and my fears.
C♯m A F♯
In my roo - m,
B A B
In my roo - m.

*Middle*

G♯m F♯
Do my dreaming and my scheming,
G♯m F♯ G♯m F♯ B
Lie a - wake and pray.
G♯m F♯
Do my crying and my sighing,
C♯m F♯sus4 F♯
Laugh at yester - day.______

*Verse 3*

```
B
Now it's dark and I'm alone,
           A   B     G♯m
But I won't be afraid.
      C♯m    A    F♯
In my roo    -    m
      B      A    B
In my roo    -    m
A     B    A    B
In my room, in my room,
   A    B     A    B
‖: In my room, in my room. :‖     Repeat to fade
```

# In The Summertime

Words & Music by Ray Dorset

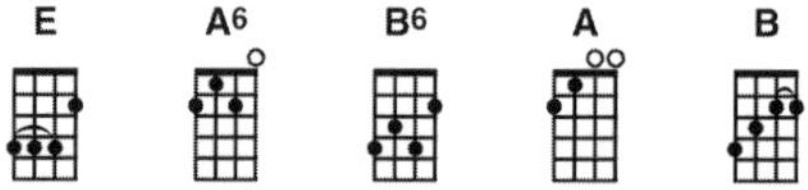


*Intro* | E | E | E | E | A6 | A6 |
| E | E | B6 | A6 | E | E ||

*Verse 1*
E
In the summertime when the weather is high
You can stretch right up and touch the sky;
A E
When the weather's fine you got women, you got women on your mind.
B A E
Have a drink, have a drive, go out and see what you can find.

*Verse 2*
E
If her Daddy's rich take her out for a meal,
If her Daddy's poor just do what you feel,
A E
Scoot along the lane, do a ton or a ton and twenty-five.
B A E
When the sun goes down you can make it make it good in a lay-by.

*Verse 3*
E
We're no threat, people, we're not dirty, we're not mean.
We love everybody but we do as we please.
A E
When the weather's fine we go fishing or go swimming in the sea.
B A E
We're always happy, life's for living, yeah, that's our philosophy.

```
            E
Verse 4     Sing along with us, di-di-di-di-di,

            Da-da-da-da-da, yeah we're hap-happy
            A                                    E
            Da-da-da, dee-da-da, dee-da-da, da-da-da.
                B                         A         E
            Da-da-da-da-da, alright alright, da-da-da-da-da-da.

            All right!

Instrumental 1  | E   | E   | E   | E   | A6  | A6  |
                | E   | E   | B6  | A6  | E   | E   ||

                      E
Verse 5     When the winter's here, yeah it's party time,

            Bring a bottle, wear your wrap, 'cause it'll soon be summer time.
                      A                                                E
            And we'll sing again, we'll go driving or maybe we'll settle down.
                     B
            If she's rich, if she's nice,
                       A                        E
            Bring your friends and we'll all go into town.

Instrumental 2  | E   | E   | E   | E   | A6  | A6  |
                | E   | E   | B6  | A6  | E   | E   ||

Verse 6     As Verse 1

Verse 7     As Verse 2

Verse 8     As Verse 3

            E
Coda        Sing along with us, di-di-di-di-di,

            Da-da-da-da-da, yeah we're hap-happy.
            A                                    E
            Da-da-da, dee-da-da, dee-da-da, da da da.
                                            Fade out
```

# It's A Heartache

Words & Music by Ronnie Scott & Steve Wolfe

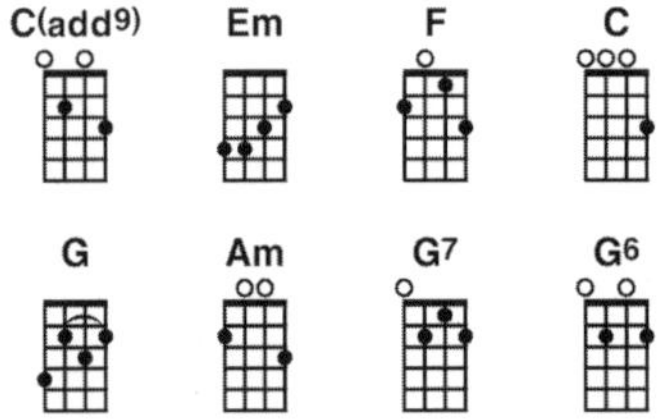


*Intro* | C(add9) | C(add9) | C(add9) | C(add9) ||
(It's a)

*Verse 1*
(C(add9))
It's a heartache,
Em
Nothing but a heartache.
F
Hits you when it's too late,
C G
Hits you when you're down.___
C
It's a fool's game,
Em
Nothing but a fool's game.
F
Standing in the cold rain,
C G
Feeling like a clown.___

*Verse 2*
C
It's a heartache,
Em
Nothing but a heartache.
F
Love him till your arms break,
C G
Then he lets you down.___

```
                     F                         G
Bridge 1     It ain't right with love to share,
                           Em                    Am        G      G7  G6  G
             When you find he doesn't care for you.
                     F                            G
             It ain't wise to need some - one
                              Em           Am   G      G7  G6  G
             As much as I depended on      you.


Verse 3      As Verse 1


Solo         | C      | C      | Em     | Em     |

             | F      | F      | C      | G      ||


Bridge 2     As Bridge 1


Verse 4      As Verse 2

             C                         Em
Verse 5         It's a fool's game,
                                           F
             Standing in the cold rain,
                                C      G
             Feeling like a clown.___
                  C           Em
             It's a heartache,___
                                      F
             Love him till your arms break,
                                  C       G
             Then he lets you down.___         Fade out
```

# Life Is A Long Song

Words & Music by Ian Anderson

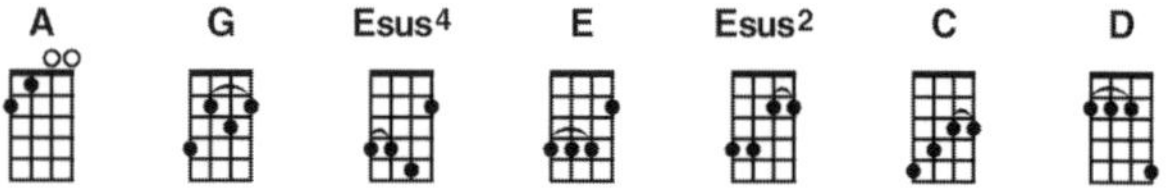


*Intro* | A G | G | A G | G |
| A | G | A | G Esus4 E Esus2 ||

*Verse 1*
A G
When you're falling awake
A G Esus4 E Esus2
And you take stock of the new day,
A G
And you hear your voice croak
A G Esus4 E Esus2
As you choke on what you need to say.
C G
Well, don't you fret, don't you fear,
D Esus4 E Esus2
I will give you good cheer.

*Chorus 1*
A G Esus4
Life's a long song,
A G Esus4
Life's a long song,
A G Esus4
Life's a long song,
D Esus4 E Esus2
If you wait then your plate I will fill.

*Verse 2*
A G
As the verses unfold
A G Esus4 E Esus2
And your soul suffers the long day,
A G A
And the twelve o'clock gloom spins the room,
G Esus4 E Esus2
You struggle on your way.

```
            C                                        G
cont.          Well, don't you sigh, don't you cry,
                       D                    Esus4  E  Esus2
            Lick the dust from your eye.

            A                     G       Esus4
Chorus 2    Life's a long song,
            A                     G       Esus4
            Life's a long song,
            A                     G       Esus4
            Life's a long song,
                      D                            Esus4  E  Esus2
            We will meet in the sweet light of dawn.

            A                         G
Verse 3        As the Baker Street train
                         A                          G        Esus4  E  Esus2
            Spills your pain all over your new    dress,
            A                          G            A
               And the symphony sounds underground
                                   G     Esus4  E  Esus2
            Put you under duress,
            C                                   G
               Well don't you squeal as the heel
            D                            Esus4  E  Esus2
            Grinds you under the wheels.

            A                     G       Esus4
Chorus 3    Life's a long song,
            A                     G       Esus4
            Life's a long song,
            A                     G       Esus4
            Life's a long song,
                      D                           Esus4  E  Esus2
            But the tune ends too soon for us all.

Solo        |: A    | G    | A    | G  Esus4  E  Esus2 :|

            | C     | G    | D    | Esus4  E  Esus2  |

            | A     | G    | A    | G    | A    | G    ||

                      D                              Esus4  E  Esus2  A
Coda        But the tune ends too soon for us all.
```

# Love In Vain

Words & Music by Robert Johnson

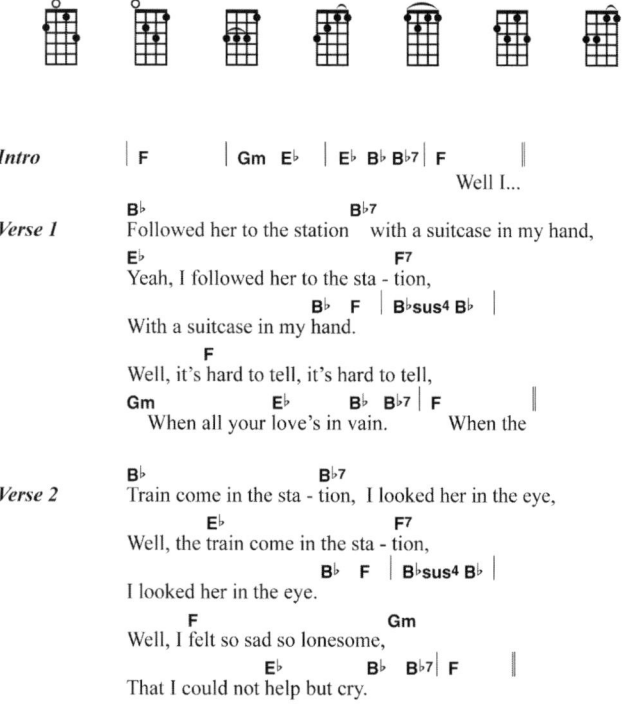

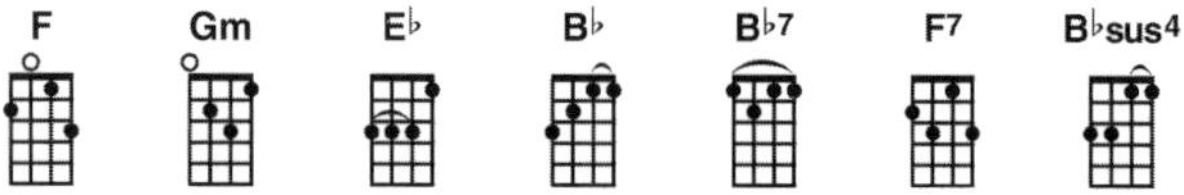


*Intro* | F | Gm E♭ | E♭ B♭ B♭7 | F ||
Well I...

*Verse 1*
B♭ B♭7
Followed her to the station with a suitcase in my hand,
E♭ F7
Yeah, I followed her to the sta - tion,
B♭ F | B♭sus4 B♭ |
With a suitcase in my hand.
F
Well, it's hard to tell, it's hard to tell,
Gm E♭ B♭ B♭7 | F ||
When all your love's in vain. When the

*Verse 2*
B♭ B♭7
Train come in the sta - tion, I looked her in the eye,
E♭ F7
Well, the train come in the sta - tion,
B♭ F | B♭sus4 B♭ |
I looked her in the eye.
F Gm
Well, I felt so sad so lonesome,
E♭ B♭ B♭7 | F ||
That I could not help but cry.

***Instrumental***

| B♭ B♭7 | B♭ B♭7 | B♭ B♭7 | B♭7 |
| E♭ | F7 | B♭ F | B♭sus4 B♭ |
| F | Gm E♭ | B♭ B♭7 | F ||

When the

***Verse 2***

```
B♭    B♭7                B♭ B♭7  B♭   B♭7
Train    left the sta - tion,    it had   two lights on behind,
                  E♭
Yeah, when the train had left the station,
  F7                            B♭   F  | B♭sus4 B♭ |
It had two lights on be - hind.
           F                       Gm
Well, the blue light was my baby,
                  E♭      B♭  B♭7 | F      ||
And the red light was my mind.
```

***Outro***

| B♭ B♭7 | B♭ B♭7 | B♭ B♭7 | B♭7 |
All my love's in vain.

| E♭ | F7 | B♭ F | B♭sus4 B♭ |

| F | Gm E♭ | B♭ B♭7 | F B♭7 ||
All my love's in vain.

# Maggie's Farm

Words & Music by Bob Dylan

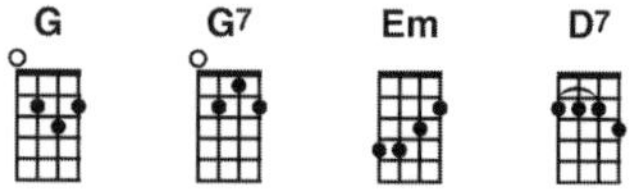


*Intro* | G | G ||

*Verse 1*

```
G7
I ain't gonna work on Maggie's farm no more.

No, I ain't gonna work on Maggie's farm no more.

Well, I wake in the morning, fold my hands and pray for rain.

I got a head full of ideas that are drivin' me insane.
       Em                                 D7
It's a shame the way she makes me scrub the floor.
       G7
Oh, I ain't gonna work on Maggie's farm no more.
```

*Link 1* | G | G ||

*Verse 2*

```
G7
I ain't gonna work for Maggie's brother no more.

No, I ain't gonna work for Maggie's brother no more.

Well, he hands you a nickel, he hands you a dime,

He asks you with a grin if you're havin' a good time,
            Em                             D7
Then he fines you every time you slam the door.
  G7
I ain't gonna work for Maggie's brother no more.
```

*Link 2* | G | G ||

```
            G7
Verse 3     I ain't gonna work for Maggie's pa no more.

            No, I ain't gonna work for Maggie's pa no more.

            Well, he puts his cigar out in your face just for kicks.

            His bedroom window it is made out of bricks.
                Em                                  D7
            The National Guard stands around his door.
                G7
            Ah, I ain't gonna work for Maggie's pa no more.


Link 3      | G       | G       | G       | G       ||

            G7
Verse 4     I ain't gonna work for Maggie's ma no more.

            No, I ain't gonna work for Maggie's ma no more.

            Well, she talks to all the servants about man and God and law.

            Everybody says she's the brains behind pa.
                  Em                                   D7
            She's sixty-eight, but she says she's fifty - four.
              G7
            I ain't gonna work for Maggie's ma no more.


Link 4      | G       | G       | G       ||

            G7
Verse 5     I ain't gonna work on Maggie's farm no more.

            No, I ain't gonna work on Maggie's farm no more.

            Well, I try my best to be just like I am,

            But everybody wants you to be just like them.
                      Em                                  B7
            They say sing while you slave and I just get bored.
              G7
            I ain't gonna work on Maggie's farm no more.


Outro       | G       | G       | G       | G       ||   Fade out
```

# Magic Bus

Words & Music by Pete Townshend

A5 C5 G D A Am7 A7

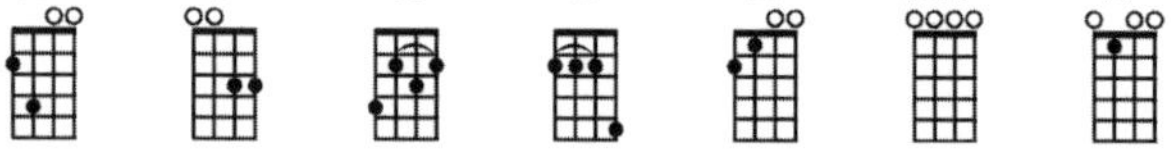

**To match original recording tune ukulele down one semitone**

| | | | | |
|---|---|---|---|---|
| *Intro* | *Drums* | A5 C5 A5 | C5 A5 G D | A Am7 G |
| | A Am7 G | A5 | A5 Am7 G | A Am7 G |

*Verse 1*

```
A                Am7  G D
Every day I get in the   queue
 A5           G       D
(Too much, Magic Bus,)
    A                  Am7  G            D
To get on the bus that takes me to you,
 A5           G              D
(Too much, Magic Bus,)
A                  G     D     A5           G      D
{ I'm so nervous, I just sit and smile
                                (Too much, Magic Bus,)
       A             G      D
Your house is only another mile.
 A5           G       D
(Too much, Magic Bus.)
```

*Verse 2*

```
         A               Am7    G    D
Thank you, driver, for getting me   here
 A5           G       D
(Too much, Magic Bus,)
         A              Am7 G  D
You'll be an inspector, have no   fear.
 A5           G                D
(Too much, Magic Bus.)
```

```
                A                  G          D
cont.           I don't want to cause no fuss
                 A5          G       D
                (Too much, Magic Bus,)
                   A                  G       D
                But can I buy your Magic Bus?
                 A5          G          D
                (Too much, Magic Bus.)
                    A5
                No.____

Instrumental    | A5     | A5     | G  D     | A5     | A5  Am7  D  ||

                A                   G              D
Verse 3         I don't care how much I pay,
                 A                    Am7    G
                  (Too much, the Magic Bus,)
                          A5                       D
                I wanna drive my Bus to my baby each day.
                 A5                    G       D
                  (Too much, the Magic Bus.)

                | A   Am7  G  | A   Am7  G  |
                A             N.C.
                  I want it, I want it, I want it, I want it…

                (You can't have it!)

                A5
Middle          Thruppence and sixpence every day

                Just to drive to my baby,
                                                     A  D
                Thruppence and sixpence each day
                A7         A          D     A7     D     | A     D  | G      |
                  'Cause I drive my baby every way,
                A              Am7  G
                Magic Bus,
                A           G   D          A            G   D
                Magic Bus,                 Magic Bus.
                   A               G   D
                |: Magic Bus.                :|   Play 4 times
                A            G   D         A            G   D
                Magic Bus.            |: Magic Bus.                :|   Play 3 times
```

*Verse 4*

```
     A                         G      D
I said, now I've got my Magic Bus
 A5            G      D
(Too much, Magic Bus,)
     A                         G      D
I said, now I've got my Magic Bus,
 A5            G      D
(Too much, Magic Bus,)
 A                G          D
I drive my baby every way,
 A5            G      D
(Too much, Magic Bus,)
     A      G              D
Each time I go a different way,
 A             G        D
(Too much, Magic Bus.)
```

*Outro*

```
 A         G       D  A         G      D
I want it, I want it, I want it, I want it,
 A         G       D  A         G      D
I want it, I want it, I want it, I want it,
A                  G       D
Every day you'll see the dust
 A             G      D
(Too much, Magic Bus,)
    A
As I drive my baby in my Magic Bus.
               G      D
(Too much, Magic Bus.)  To fade
```

# Mellow Yellow

Words & Music by Donovan Leitch

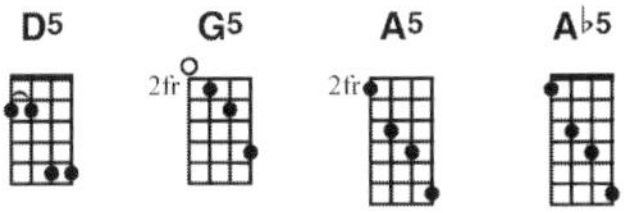


*Intro* | *Drums* ||

*Verse 1*
D5 G5
I'm just mad about Saffron,
D5 A5 A♭5
And saffron's mad about me.
G5
I'm just mad about Saffron,
A5
She's just mad about me.

*Chorus 1*
A5 D5
They call me mellow yellow,
G5
Quite right - ly.
A5 D5
They call me mellow yellow,
G5
Quite right - ly.
A5 D5 G5 A5
They call me mellow yellow.

*Verse 2*
D5 G5
I'm just mad about Fourteen,
D5 A5 A♭5
Fourteen's mad about me.
G5
I'm just mad about a-Fourteen
A5
A-she's just mad about me.

```
             A5                    D5
*Chorus 2*   They call me mellow yellow,
                 A5                D5
             They call me mellow yellow,
                        G5
             Quite right - ly.
                 A5                D5       G5  A5
             They call me mellow yellow.

             D5                      G5
*Verse 3*    Wanna high forever to fly,
               D5              A5  A♭5
             A-wind velocity nil.
             G5
             Wanna high forever to fly,
             A5
             If you want your cup I will fill.

             A5                    D5
*Chorus 3*   They call me mellow yellow,
                        G5
             Quite right - ly.
                 A5                D5
             They call me mellow yellow,
                        G5
             Quite right - ly.
                 A5                D5       G5
             They call me mellow yellow.
             A5
             So mellow, he's so yellow.

Instrumental | D5      | G5      | D5      | A5  A♭5 |
             | G5      | G5      | A5      | A5      |
             | D5  G5  | G5  A5  | D5  G5  | G5  A5  |
             | D5  G5  | G5  A5  | A5      ||
```

*Verse 4*

```
D5              G5
Electrical ba - nana
   D5                       A5    A♭5
Is gonna be a sudden craze.
G5
Electrical banana
   A5
Is bound to be the very next phase.
```

*Chorus 4*

```
A5                          D5
They call it mellow yellow,
               G5
Quite right - ly.
       A5                   D5
They call me mellow yellow,
               G5
Quite right - ly.
       A5                   D5        G5   A5
They call me mellow yellow.
```

*Verse 5*

```
D5       G5
Saffron,     yeah
D5                       A5    A♭5
I'm just mad about her.
G5
I'm a-just a-mad about a-Saffron,
A5
She's just mad about me.
```

*Chorus 5*

```
A5                          D5
They call it mellow yellow,
               G5
Quite right - ly.
       A5                   D5
They call me mellow yellow,
               G5
Quite right - ly.
       A5                   D5        G5   A5
They call me mellow yellow.
A5     D5
Oh so mellow.            Fade out
```

# Make You Feel My Love

Words & Music by Bob Dylan

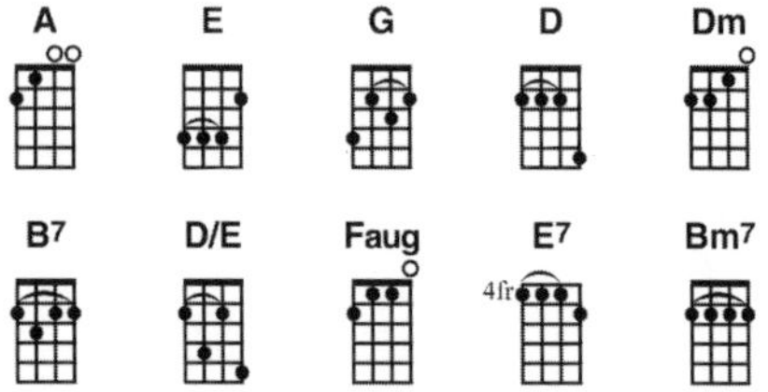


**To match original recording tune ukulele up one semitone**

*Intro*

| A | E | G | D |
| Dm | A | B7 D/E | A ||

*Verse 1*

A E
When the rain is blowing in your face
G D
And the whole world is on your case,
Dm A
I could offer you a warm embrace
B7 D/E A
To make you feel my love.

*Verse 2*

A E
When the evening shadows and the stars appear
G D
And there is no one there to dry your tears,
Dm A
I could hold you for a million years
B7 D/E A
To make you feel my love.

*Bridge 1*

D A
I know you haven't made your mind up yet,
Faug D A
But I would never do you wrong.
D A
I've known it from the moment that we met,
B7 E7
No doubt in my mind where you be - long.

*Verse 3*

A E
I'd go hungry, I'd go black and blue,
G D
I'd go crawling down the avenue,
Dm A
No, there's nothing that I wouldn't do
B7 D/E A
To make you feel my love.

*Instrumental*

| A | E | G | D |
| Dm | A | B7 D/E | A ||

*Bridge 2*

D A
The storms are raging on the rolling sea
Faug D A
And on the highway of re - gret.
D A
Though winds of change are blowing wild and free,
Bm7 E
You ain't seen nothing like me yet.

*Verse 4*

A E
I could make you happy, make your dreams come true,
G D
Nothing that I wouldn't do,
Dm A
Go to the ends of the earth for you
B7 D/E A
To make you feel my love.
B7 D/E A
To make you feel my love.

# Me And Julio Down By The Schoolyard

Words & Music by Paul Simon

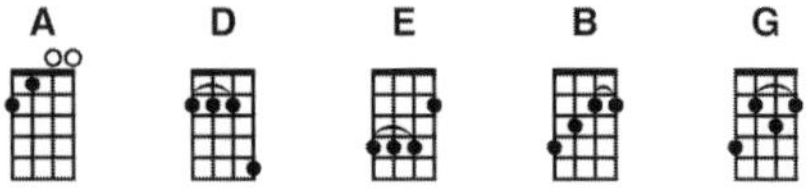


*Intro* 𝄆 A D A E 𝄇 *Play 7 times*

*Verse 1*

```
    A
The mama pyjama rolled out of bed,
                             D
And she ran to the police station.
          E
When the papa found out, he began to shout,
                             A
And he started the investigation.
              E                        A
It's against the law, it was against the law,
                 E                     A
What the mama saw, it was against the law.
```

*Verse 2*

```
The mama looked down and spit on the ground
                             D
Every time my name gets mentioned.
E
Papa said, "Oy, if I get that boy
                                       A
I'm gonna stick him in the house of detention."
```

*Chorus 1*

```
                  D                    A
Well I'm on my way, I don't know where I'm goin'.
            D                    A         B           E
I'm on my way, I'm takin' my time but I don't know where.
             D          G          A
Goodbye to Rosie, the queen of Corona.
         A      G     D            E      A     DAE
See you me and Julio down by the schoolyard.
         A      G     D            E      A     DAE
See you me and Julio down by the schoolyard.
```

*Instrumental*

```
| D     | A     | D          | A B E      |
| D   G | A    |: A G D E | A D A E :| E    ||
```

*Verse 3*

```
     A
In a couple of days they're come and take me away,
                             D
But the press let the story leak.
                E
And when the radical priest come to get me released
                               A
We was all on the cover of Newsweek.
```

*Chorus 2*

```
                 D                     A
And I'm on my way, I don't know where I'm goin'.
            D                    A          B           E
I'm on my way, I'm takin' my time, but I don't know where.
             D          G          A
Goodbye to Rosie, the queen of Corona.
         A      G     D            E      A     DAE
See you me and Julio down by the schoolyard.
         A      G     D            E      A     DAE
See you me and Julio down by the schoolyard.
         A      G     D            E      A     DAE
See you me and Julio down by the schoolyard.
```

*Coda* |: A D A E :| *Repeat to fade*

# More Than A Feeling

Words & Music by Tom Scholz

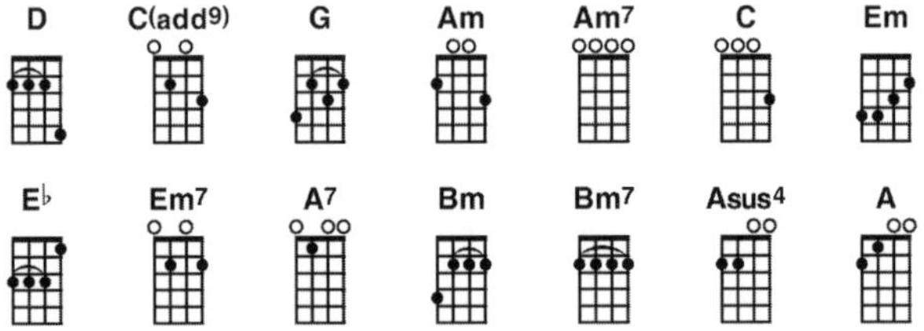


*Intro* | : D | C(add9) G : | *Play 3 times*

*Verse 1*

D C(add9) G
I looked out this morning and the sun was gone,
D C(add9) G
Turned on some music to start my day
D C(add9) G
And lost myself in a familiar song:
D C(add9) G
And I closed my eyes and I slipped away. ___

*Link 1* | Am Am7 | D | G C | Em D | G C | Em D ||

*Chorus 1*

G C Em D
It's more than a feeling, (more than a feeling)
G C Em D
When I hear that old song they used to play,
G C Em D
And I begin dreaming (more than a feeling)
G C E♭
'Til I see Marianne walk away.
Em7 A7 Bm Bm7 G D Asus4 A
I see my Marianne walking away. ___

*Guitar solo* | D G | D A | D G | D A | D G | Bm A |
| D Bm | Em7 A | G | G D Em ||

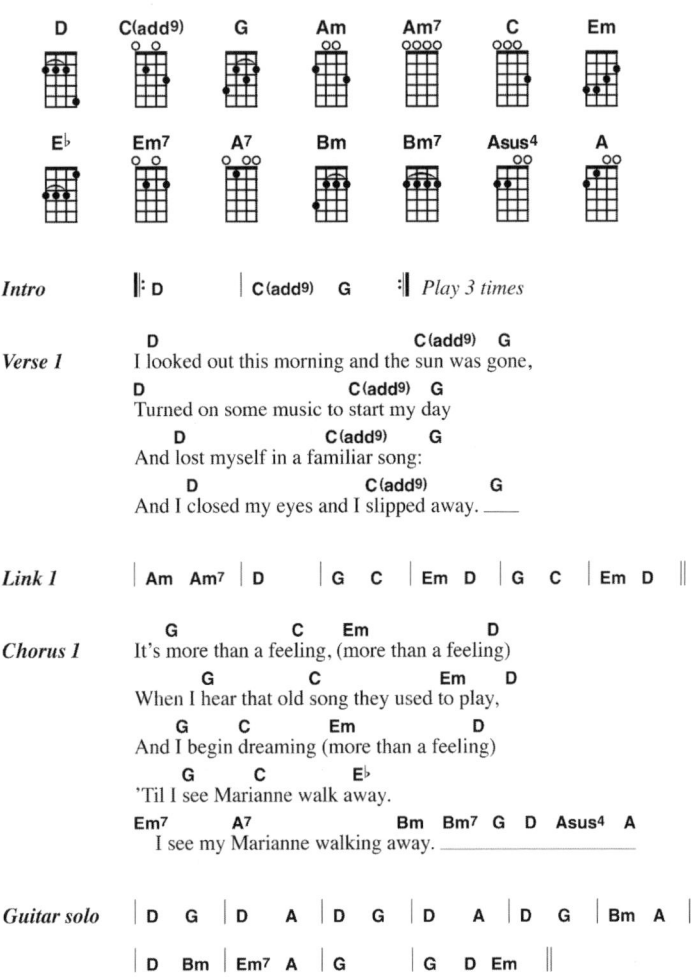

*Link 2* | D | D | C(add9) G | D | C(add9) G ||

*Verse 2*

```
D                       C(add9)     G
When I'm tired and thinking cold
  D                       C(add9) G
I hide in my music, forget the day,
    D                 C(add9)       G
And dream of a girl I used to know,
  D                         C(add9) G   C(add9)
I closed my eyes and she slipped away. ______
```

*Link 3* | D | C(add9) G G | D | C(add9) G |
She slipped a -

| D | C(add9) | G | D | C(add9) | G ||
-way.

*Link 4* | Am Am7 | D | D |

| G C | Em D | G C | Em D ||

*Chorus 2*

```
     G             C     Em              D
It's more than a feeling, (more than a feeling)
          G            C                Em    D
When I hear that old song they used to play,
      G      C        Em                D
And I begin dreaming (more than a feeling)
      G      C             Em   D
'Til I see Marianne walk away. ______
```

*Coda* |: G C | Em D :| *Repeat to fade*

# Rabbit Heart (Raise It Up)

Words & Music by Paul Epworth, Florence Welch,
Joshua Deutsch, Brian DeGraw, Elizabeth Bougatsos & Timothy Dewit

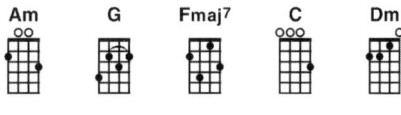

Am G Fmaj7 C Dm

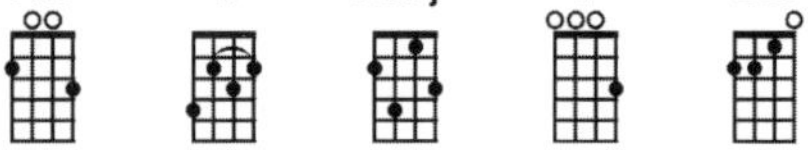

*Intro* | Am | Am ||

*Verse 1*

Am
The looking glass, so shiny and new,
G
How quickly the glamour fades.
Fmaj7
I start spinning, slipping out of time,
Am
Was that the wrong pill to take? (Raise it up)

You made a deal, and now it seems you have to offer all,
G Fmaj7
But will it ever be enough? (Raise it up, raise it up)

It's not enough. (Raise it up, raise it up)
Am G
Here I am, a rabbit-hearted girl,
Fmaj7
Frozen in the head - lights,

It seems I've made the final sacrifice.

*Pre-chorus 1*

Am C Fmaj7 G Am
We raise it up, this offer - ing,
C Fmaj7 G
We raise it up.

*Chorus 1*

(G) Dm Fmaj7
This is a gift, it comes with a price,
Am G
Who is the lamb and who is the knife?
Dm Fmaj7
And Midas is king and he holds me so tight
Am G
And turns me to gold in the sun - light.

*Verse 2*

Am G
I look around, but I can't find you, (Raise it up)
Fmaj7
If only I could see your face. (Raise it up)

I start rushing towards the skyline, (Raise it up)

I wish that I could just be brave.
Am G
I must be - come a lion-hearted girl,
Fmaj7
Ready for a fight,

Before I make the final sacrifice.

*Pre-chorus 2* As Pre-chorus 1

*Chorus 2* As Chorus 1

*Bridge*

N.C.(Am)
Raise it up, raise it up,

Raise it up, raise it up.
Dm Fmaj7
And in the spring I shed my skin
Am G
And it blows a - way with the changing winds.
Dm Fmaj7
The waters turn from blue to red
Am G
As towards the sky I offer it.

*Chorus 3* As Chorus 1

*Chorus 4* As Chorus 1

*Chorus 5*

```
(G)       Dm                   Fmaj7
This is a gift, it comes with a price,
              Am                   G
Who is the lamb and who is the knife?
          Dm                        Fmaj7
Midas is king and he holds me so tight
                G
And turns me to gold in the sunlight.
          Am
This is a gift.
```

# Rawhide

Words by Ned Washington
Music by Dimitri Tiomkin

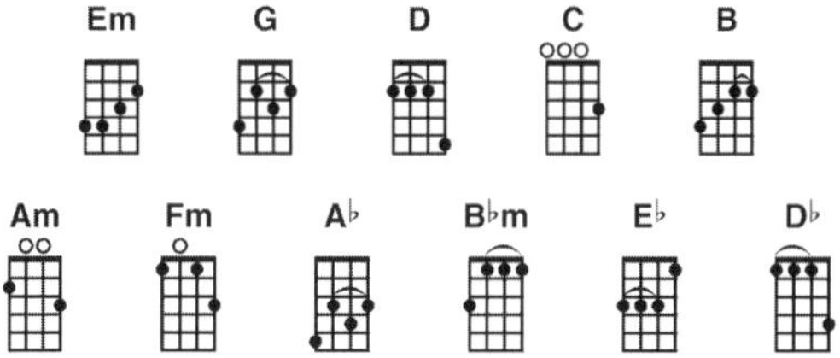


*Intro*

Em
(Rollin', rollin', rollin'.

Rollin', rollin', rollin'.

Rollin', rollin', rollin'.

Rollin', rollin', rollin').

Rawhide!

Hah!

Hah!

*Verse 1*

Em
Keep rollin', rollin', rollin',

Though the streams are swollen,

G
Keep them dogies rollin', rawhide.

Em
Through rain and wind and weather,

D Em
Hell bent for leather,

D C B
Wishin' my gal was by my side.

*cont.*

Em
All the things I'm missin',

      Am                  Em
Good vittles, love, and kissin',

    Am               Em    D  Em
Are waiting at the end of my ride.

*Chorus 1*

            Em
Move 'em out, head 'em up,

           B
Head 'em up, move 'em on.

            Em
Move 'em out, head 'em up:

     B
Raw - hide.

         Em
Cut 'em out, ride 'em in,

          B
Ride 'em in, let 'em out,

         Em            Am
Cut 'em out, ride 'em in,

      Em
Raw - hide!

Fm
Hah!

Hah!

*Verse 2*

      Fm
Keep movin', movin', movin',

Though they're disapprovin',

A♭
Keep them dogies movin', rawhide.

      Fm
Don't try to understand 'em,

    B♭m                 Fm
Just rope an' throw an' brand 'em.

E♭             D♭              C
Soon we'll be living high and wide.

Fm
My heart's calculatin',

   E♭                Fm
My true love will be waitin',

   B♭m         E♭         Fm
Be waitin' at the end of my ride.

*Chorus 2*

Fm
Move 'em out, head 'em up,
C
Head 'em up, move 'em on.
Fm
Move 'em out, head 'em up:
C
Raw - hide.
Fm
Cut 'em out, ride 'em in,
C
Ride 'em in, let 'em out,
Fm C
Cut 'em out, ride 'em in,
Fm
Raw - hide!
(Rollin', rollin', rollin'.)

*Outro*

Fm
(Rollin', rollin', rollin'.)

Hah!
(Rollin', rollin', rollin'.)

Hah!
(Rollin', rollin', rollin'.)

Raw - hide.

Hah!
Fm (N.C.)
Rawhide!

# Raindrops Keep Falling On My Head

Words by Hal David
Music by Burt Bacharach

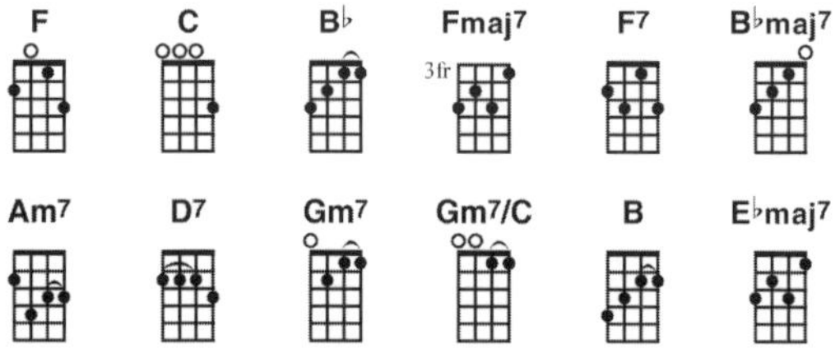


*Intro* | F C | B♭ C ||

*Verse 1*

F Fmaj7
Raindrops keep falling on my head,
F7 B♭maj7 Am7
And just like the guy whose feet are too big for his bed,
D7 Am7
Nothing' seems to fit,
D7 Gm7 Gm7/C
Those raindrops are falling on my head, they keep falling.

*Verse 2*

F Fmaj7
So I just did me some talkin' to the sun,
F7 B♭maj7 Am7
And I said I didn't like the way he got things done
D7 Am7
Sleepin' on the job,
D7 Gm7 Gm7/C
Those raindrops are falling on my head, they keep falling.

*Bridge 1*

Fmaj7 C
But there's one thing I know,
B B♭ C Am7
The blues they send to meet me won't de - feat me,
D7 Gm7 Gm7/C C | Gm7/C C ||
It won't be long till happiness steps up to greet me.

```
             F                          Fmaj7
*Verse 3*    Raindrops keep falling on my head,
                F7                           B♭maj7      Am7
             But that doesn't mean my eyes will soon be turnin' red,
             D7             Am7
             Crying's not for me,
             D7      Gm7                                       Gm7/C
             'Cause I'm never gonna stop the rain by complainin',
                        F    Fmaj7
             Because I'm free,
             Gm7          Gm7/C   Fmaj7
               Nothing's worrying me.

             | C B | B♭ | C | Am7 | Am7              D7     Gm7
*Bridge 2*                          It won't be long till happi - ness steps up to greet me.

             | Gm7/C  C | Gm7/C  C ||

             F                          Fmaj7
*Verse 4*    Raindrops keep falling on my head,
                F7                           B♭maj7      Am7
             But that doesn't mean my eyes will soon be turnin' red,
             D7             Am7
             Crying's not for me,
             D7      Gm7                                       Gm7/C
             'Cause I'm never gonna stop the rain by complainin',
                        F    Fmaj7
             Because I'm free,
             Gm7          Gm7/C   N.C.
               Nothing's worrying me.

*Outro*      ||: 4/4 Fmaj7 | 5/4 E♭maj7 | 4/4 Fmaj7 | 5/4 E♭maj7 :|| *Repeat to fade*
```

# Raspberry Beret

Words & Music by Prince

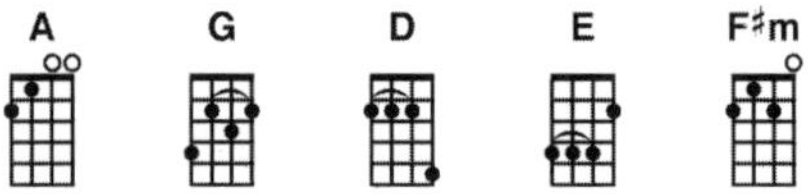

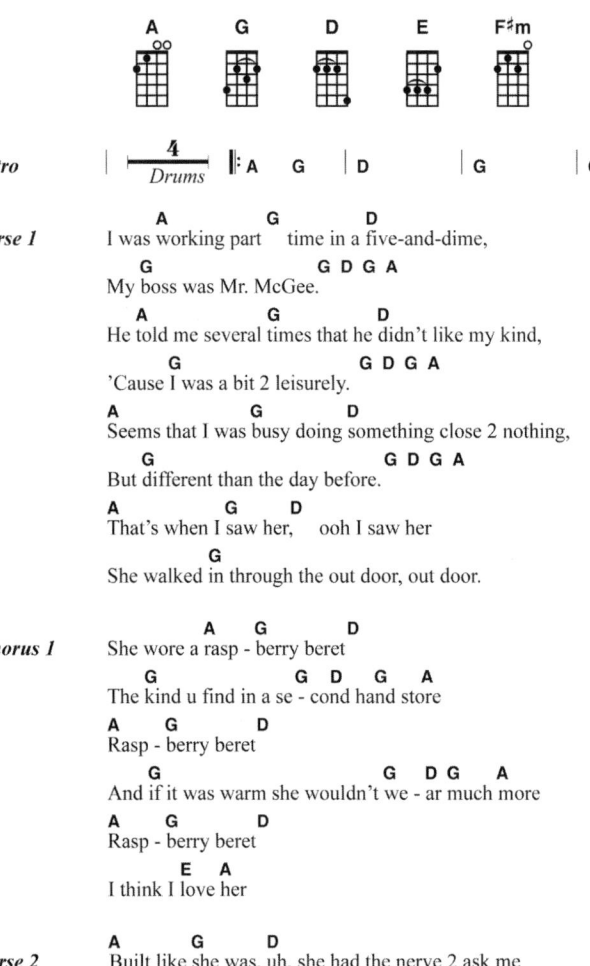

*Intro* | 4 Drums | |: A G | D | G | G D G A :|

*Verse 1*

```
          A                 G               D
I was working part     time in a five-and-dime,
       G                    G D G A
My boss was Mr. McGee.
     A                   G                  D
He told me several times that he didn't like my kind,
          G                         G D G A
'Cause I was a bit 2 leisurely.
A                     G                 D
Seems that I was busy doing something close 2 nothing,
     G                                    G D G A
But different than the day before.
A                G         D
That's when I saw her,     ooh I saw her
                     G
She walked in through the out door, out door.
```

*Chorus 1*

```
                  A       G            D
She wore a rasp - berry beret
      G                    G     D     G     A
The kind u find in a se - cond hand store
A         G             D
Rasp - berry beret
        G                                    G     D G     A
And if it was warm she wouldn't we - ar much more
A         G             D
Rasp - berry beret
              E    A
I think I love her
```

*Verse 2*

```
A               G               D
Built like she was, uh, she had the nerve 2 ask me
        G                                  G D G A
If I planned 2 do her any harm
```

*cont.*

              A                  G                    D
So look here,  I put her on the back of my bike and uh, we went riding
          G                        G D G A
Down by old man Johnson's farm
            A        G          D
I said now, overcast days never turned me on
     G                                     G D G A
But something about the clouds and her mixed
A  G     D
She  wasn't 2 bright but I could tell
G
When she kissed me

She knew how 2 get her kicks

***Chorus 2***

As Chorus 1

***Bridge***

D           A          D                  A
  The rain sounds cool   when it hits the barn roof,
D                  A                D A
  And the horses wonder who u are.
D                 A                     D   A
Thunder drowns out what the lightning sees
  D  A                D A
U feel like a movie star
       G                F♯m      E
Listen,  they say the first time  ain't the greatest
             D             A                  D   A
But I tell ya,  if I had the chance 2 do it all a - gain
  G                           F♯m
I wouldn't change a stroke 'cause baby I'm the most,
      E
With a girl as fine as she was then.

***Chorus 3***

                A   G          D
𝄆 She wore a rasp - berry beret
     G               G  D  G   A
The kind u find in a se - cond hand store
A    G     D
Rasp - berry beret
     G                             G   D G   A
And if it was warm she wouldn't we - ar much more
A    G     D
Rasp - berry beret
E                       A
  I think I, I think I,  I think I love her 𝄇 *Repeat to fade*

# Roxanne

Words & Music by Sting

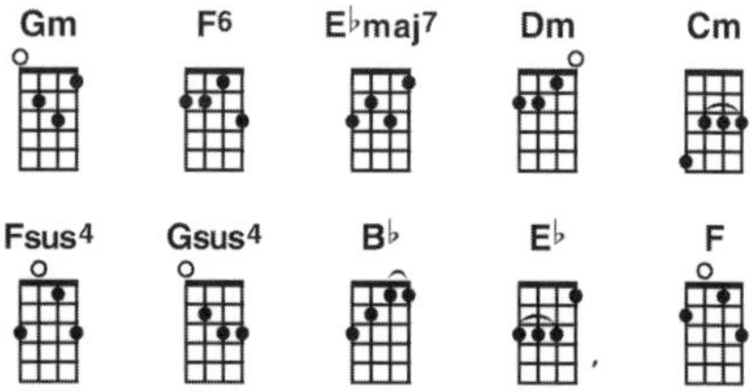


*Intro*
| Gm | Gm || Gm | F6 |
| E♭maj7 | Dm | Cm | Fsus4 | Gsus4 | N.C. ||

*Verse 1*

```
   Gm     F6                  E♭maj7           Dm
Roxanne,    you don't have to put on the red light,
Cm                 Fsus4
Those days are over,
                          Gsus4  N.C.
You don't have to sell your body to the night.
    Gm    F6                  E♭maj7              Dm
Roxanne,    you don't have to wear that dress tonight,
Cm                    Fsus4
   Walk the streets for money,
                Gsus4  N.C.
You don't care if it's wrong or if it's right.
   Cm     Fsus4                 Gsus4
Roxanne,    you don't have to put on the red light,
   Cm     Fsus4              Gsus4  N.C.
Roxanne,    you don't have to put on the red light.
```

*Chorus 1*

```
Cm  B♭
Roxanne, (put on the red light),
E♭   F
Roxanne, (put on the red light),
F    Gm
Roxanne, (put on the red light),
Cm  B♭
Roxanne, (put on the red light),
E♭   F                          | Gsus4   N.C. | N.C.   ||
Roxanne, (put on the red light), oh.
```

*Link* | Gm | Gm | Gm | Gm ||

*Verse 2*
Gm F6
I loved you since I knew ya,
E♭maj7 Dm
I wouldn't talk down to ya,
Cm Fsus4
I have to tell you just how I feel,
Gsus4 N.C.
I won't share you with another boy.
Gm F6
I know my mind is made up,
E♭maj7 Dm
So put away your make-up,
Cm Fsus4
Told you once, I won't tell you again,
Gsus4 N.C.
It's a crime the way...
Cm Fsus4 Gsus4
Roxanne, you don't have to put on the red light,
Cm Fsus4 Gsus4
Roxanne, you don't have to put on the red light.

*Chorus 2*
Cm B♭
𝄆 Roxanne, (put on the red light),
E♭ F
Roxanne, (put on the red light),
F Gm
Roxanne, (put on the red light), 𝄇 *Repeat to fade*

# Rock Island Line

Words & Music by Lonnie Donegan

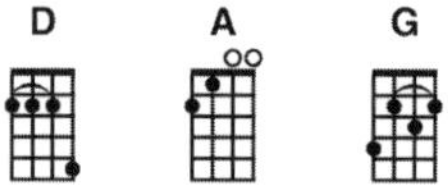


*Intro* | D | D | D | D ‖

D
Now this here's the story about the Rock Island Line.

The Rock Island Line, she runs down into New Orleans,

And just outside of New Orleans there's a big toll gate,

And all the trains that go through the toll gate

Why, they, they gotta pay the man some money.

But of course, if you got certain things on board

You're okay, you don't have to pay the man nothin'.

And just now we see a train, she comin' down the line.

And when she come up near the toll gate

The driver, he shout down to the man, an' he say:

"I got pigs, I got horses, I got cows

I got sheep, I got all livestock, I got all livestock,

I got all livestock."

The man say, "Well, you all right boy,

Just get on through, you don't have to pay me nothin'."

And then the train go through,

***cont.***

D
And when he go through the tollgate

The train gather up a little bit of steam

And a little bit of speed.

And when the driver think he safely on the other side

He shouts back down the line to the man.

He said, "I fooled you, I fooled you.

I got pig iron, I got pig iron,

I got all pig iron.

Now I'll tell you where I'm goin' boy."

***Chorus 1***

D
Down the rock island line, she's a mighty good road,

A
The rock island line is the road to ride.

Yeah, the rock island line, she's a mighty good road

G D
And if you want to ride it you gotta ride it like you find it,

G A D
Get your ticket at the station of the rock island line.

***Verse 1***

D
I may be right, I may be wrong,

A D
You know you're gonna miss me when I'm gone.

***Chorus 2***

D
Down the rock island line, she's a mighty good road,

A
The rock island line is the road to ride.

D
Yeah, the rock island line, she's a mighty good road

G D
And if you want to ride it you gotta ride it like you find it,

G A D
Get your ticket at the station of the rock island line.

```
                D
Verse 2         Halle - lujah, I'm safe from sin,
                     A                                      D
                The good Lord's comin' for to see me a - gain.

                           D
Chorus 3        Down the rock island line, she's a mighty good road,
                                            A
                The rock island line is the road to ride.
                           D
                Yeah, the rock island line, she's a mighty good road
                             G                         D
                And if you want to ride it you gotta ride it like you fnd it,
                          G                            A           D
                Get your ticket at the station of the rock island line. Ooh.

                D
Verse 3         A-B-C-W-X-Y-Z,
                     A                                       D
                The cat's on the cover but he don't see me.

                           D
Chorus 4        Down the rock island line, she's a mighty good road,
                                            A
                The rock island line is the road to ride.
                           D
                Yeah, the rock island line, she's a mighty good road
                             G                         D
                And if you want to ride it you gotta ride it like you find it,
                          G                            A           D
                Get your ticket at the station of the rock island line.

                      D
Chorus 5        The rock island line, she's a mighty good road,
                                            A
                The rock island line is the road to ride.
                           D
                Yeah, the rock island line, she's a mighty good road
                             G                         D
                And if you want to ride it you gotta ride it like you find it,
                          G                            A           D      | D       ||
                Get your ticket at the station of the rock island line.
```

# Sultans Of Swing

Words & Music by Mark Knopfler

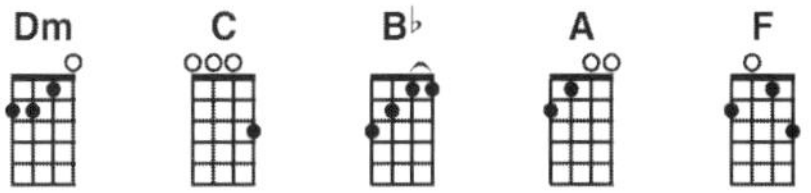


*Intro* ‖: Dm | Dm | Dm | Dm :‖

*Verse 1*

              Dm
You get a shiver in the dark
    C           B♭       A
It's raining in the park but meantime
Dm                      C          B♭          A
  South of the river you stop and you hold everything
F                                   C
  A band is blowing Dixie double four time
B♭                                          Dm    B♭   C
  You feel alright when you hear that music ring

*Verse 2*

      Dm                    C        B♭        A
You step inside but you don't see too many faces
Dm                      C           B♭      A
  Coming in out of the rain to hear the jazz go down
F                           C
  Competition in other places
B♭                                Dm      B♭
  But the horns they're blowing that sound
C                   B♭  C                  Dm             C B♭ C
  Way on downsouth         way on downsouth London town

*Link 1* | Dm C | B♭ | C | C ‖

*Verse 3*

                Dm                C B♭        A
You check out Guitar George      he knows   all the chords
Dm                                C             B♭     A
  Mind he's strictly rhythm he doesn't want to make it cry or sing
F                    C
  And an old guitar is all he can afford
B♭                                             Dm    B♭  C
  When he gets up under the lights to play his thing

*Verse 4*

```
Dm                              C       B♭               A
   And Harry doesn't mind if he doesn't   make the scene
Dm                                C           B♭           A
   He's got a day-time job, he's doing al - right
F                                                  C
   He can play the honky-tonk just like anything
B♭                                        Dm   B♭   C
   Saving it up for Friday night
                         B♭  C                          Dm     C    B♭  C
With the Sultans            with the Sultans of Swing
```

*Link 2*

| Dm C | B♭ | C | C ||

*Verse 5*

```
         Dm                                  C          B♭          A
And a crowd of young boys they're fooling a - round in the corner
Dm                                       C                  B♭                 A
   Drunk and dressed in their best brown baggies and their platform soles
F                                                C
   They don't give a damn about any trumpet playing band
B♭                                      Dm       B♭
   It ain't what they call rock and roll
C                            B♭  C                      Dm     C    B♭  C
   And the Sultans              the Sultans played Creole
```

*Link 3*

| Dm C | B♭ | C | C ||

*Guitar solo 1*

||: Dm | C B♭ | A | A :||

| F | F | C | C |

| B♭ | B♭ | Dm | Dm B♭ |

| C | C B♭ | C | C |

||: Dm C | B♭ | C | C :||

```
             Dm                         C           B♭        A
Verse 6         And then the man he steps right up to the microphone
             Dm                 C               B♭        A
                And says at last just as the time bell rings
             F                                   C
                'Thank you goodnight, now it's time to go home'
             B♭                                     Dm      B♭
                And he makes fast with one more thing
             C                         B♭ C                          Dm  C  B♭  C
                'We are the Sultans      we are the Sultans of Swing'

Link 4         | Dm  C | B♭      | C       | C       ||

Guitar solo 2  |: Dm  C | B♭     | C       | C       :|  Play 8 times to fade
```

# Save The Last Dance For Me

Words & Music by Doc Pomus & Mort Shuman

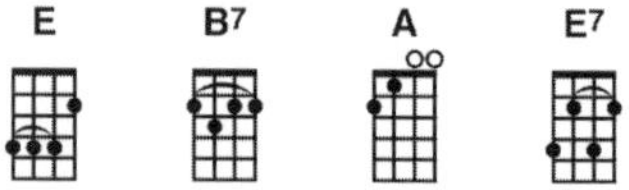


*Intro* | E | E ||

*Verse 1*

E
You can dance every dance with the guy who gives you the eye,
B7
Let him hold you tight.

You can smile every smile for the man who held your hand
E
'Neath the pale moonlight.
A
But don't for - get who's taking you home
E
And in whose arms you're gonna be,
B7 E
So darlin', save the last dance for me. Mmm.

*Verse 2*

(E)
Oh, I know that the music's fine like sparkling wine
B7
Go and have your fun.

Laugh and sing but while we're apart
E
Don't give your heart to anyone.
A
But don't forget who's taking you home
E
And in whose arms you're gonna be,
B7 E
So darlin', save the last dance for me. Mmm.

```
             (E)                          B7
Bridge 1     Baby don't you know I love you so,

             Can't you feel it when we touch.
                                      B7
             I will never, never let you go,
                                    E
             I love you oh so much.

                     (E)
Verse 3      You can dance, go and carry on till the night is gone
                     B7
             And it's time to go.

             If he asks if you're all alone can he take you home,
                         E
             You must tell him no.
                                      A
             'Cause don't for - get who's taking you home
                                               E
             And in whose arm's you're gonna be,
                 B7                                E
             So darlin', save the last dance for me.

Instrumental | B7     | B7     | E      | E      |

             | B7     | B7     | E      | E7     ||

             (E7)                     A
Outro        'Cause don't for - get who's taking you home
                                         E          E7
             And in whose arm's your gonna be,
                 B7                               E    E7
             So darlin', save the last dance for me. Mmm.
             B7                      E
             Save the last dance for me. Mmm.
             B7                      E
             Save the last dance for me.
```

# She's About A Mover

Words & Music by Douglas Sahm

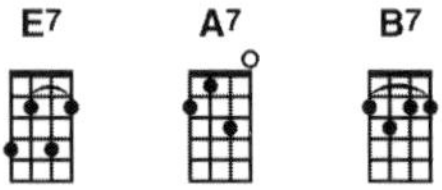


*Intro* ‖: E7 | E7 | E7 | E7 :‖ *Play 4 times*

*Verse 1*

```
                E7
Well she was walkin' down the street
Lookin' fine as she could be
Hey, hey,
                A7
Well she was walkin' down the street
                            E7
Lookin' fine as she could be,
Hey, hey.
              B7
If you have love and conversation,
A7  N.C.              E7
    Woah, yeah!  What I say, hey, hey!
```

*Chorus 1*

```
She's about a mover,
She's about a mover,
She's about a mover,
                              A7
She's about a mover, hey, hey-hey-hey,
What I say.
```

```
                   E7
cont.      She's about a mover,

           She's about a mover,
                  B7
           Well you know I love you baby,
           A7 N.C.             E7
              Woah yeah, what I say, hey, hey!


Link       |: E7    | E7    | E7    | E7    :|

                  E7
Verse 2    Well she strolled on up to me and said

           "Hey big boy, what's your name?"

           Hey, hey,
                  A7
           Well she strolled on up to me and said
                                       E7
           "Hey big boy, what's your name?"

           Hey, hey.
                  B7
           Well you know I love you baby
           A7 N.C.               E7
              Woah, yeah! What I say, hey, hey!


Chorus 2   She's about a mover,

           She's about a mover,

           She's about a mover,

           She's about a mover,
                      (A7)
           Hey, hey-hey-hey.

           (Fade out)
```

# Should I Stay Or Should I Go

Words & Music by Mick Jones & Joe Strummer

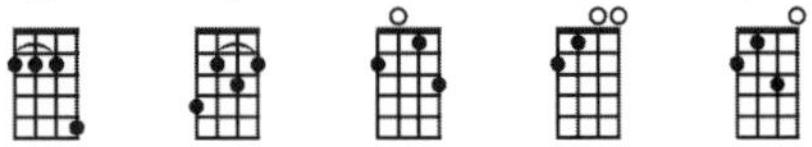

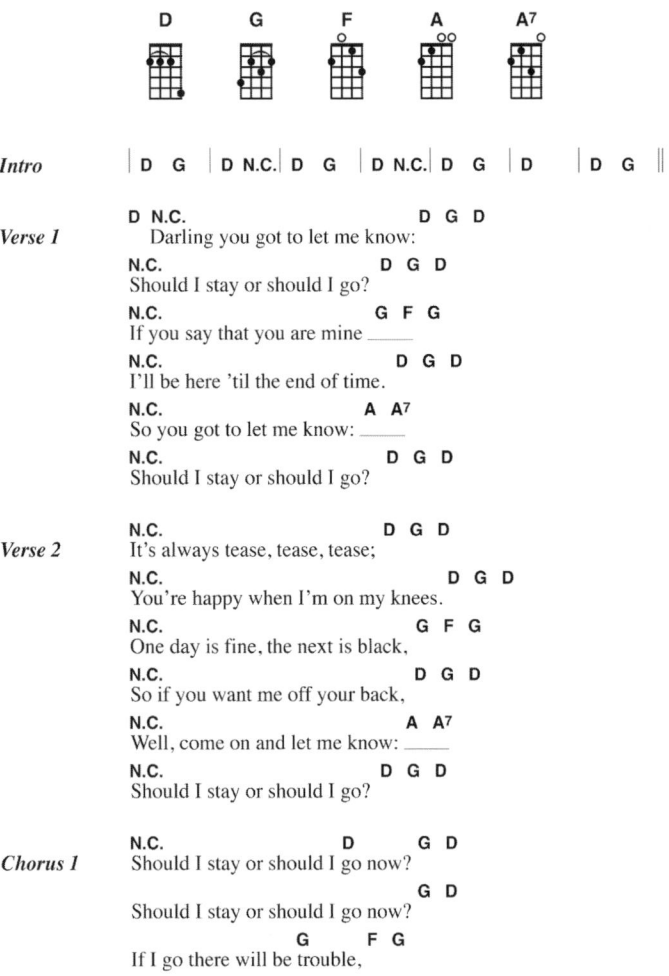

*Intro* | D G | D N.C. | D G | D N.C. | D G | D | D G ||

*Verse 1*

D N.C.                          D G D
Darling you got to let me know:
N.C.                          D G D
Should I stay or should I go?
N.C.                          G F G
If you say that you are mine ___
N.C.                          D G D
I'll be here 'til the end of time.
N.C.                          A A7
So you got to let me know: ___
N.C.                          D G D
Should I stay or should I go?

*Verse 2*

N.C.                          D G D
It's always tease, tease, tease;
N.C.                          D G D
You're happy when I'm on my knees.
N.C.                          G F G
One day is fine, the next is black,
N.C.                          D G D
So if you want me off your back,
N.C.                          A A7
Well, come on and let me know: ___
N.C.                          D G D
Should I stay or should I go?

*Chorus 1*

N.C.                          D G D
Should I stay or should I go now?
                              G D
Should I stay or should I go now?
                    G F G
If I go there will be trouble,

*cont.*

```
                        D        G  D
And if I stay it will be double.
                         A       D  G | D        ||
So come on and let me know.
```

*Verse 3*

```
N.C.                              D           G             D
This indecision's bugging me  (esta undecision me molesta);
N.C.                                  D          G            D
If you don't want me, set me free (si no me quieres, librame).
N.C.                                    G    F          G
Exactly who am I'm supposed to be?  (Digame que tengo ser).
N.C.                                      D
Don't you know which clothes even fit me?
             G             D
(¿Saves que robas me queurda?)
N.C.                             A                  A7
Come on and let me know __ (me tienes que desir)
N.C.                                D          G           D
Should I cool it or should I blow?  (¿Me debo ir o quedarme?)
```

*Instrumental*

```
| D   G  | D  N.C. | D   G  | D  N.C. | G   F  | G  N.C. |
| D   G  | D  N.C. | A      | A7      | D   G  | D  N.C. ||
```

*Chorus 2*

```
N.C.                               D                 G       D
Should I stay or should I go now? ( ¿Yo me frio o lo sophlo?)
                                   D                 G       D
Should I stay or should I go now? (¿Yo me frio o lo sophlo?)
                         G              F              G
If I go there will be trouble (si me voy va ver peligro),
                            D            G          D
And if I stay it will be double (si me quedo es doble).
                         A
So you gotta let me know (me tienes que decir):
                                   D                G       D
Should I cool it or should I blow? (¿Yo me frio o lo sophlo?)
```

*Chorus 3*

```
                                                    G       D
Should I stay or should I go now? (¿Yo me frio o lo sophlo?)
                         G              F              G
If I go there will be trouble (si me voy va ver peligro),
                            D            G          D
And if I stay it will be double (si me quedo es doble).
                         A
So you gotta let me know (me tienes que decir):
               G              D
Should I stay or should I go?
```

# Singing The Blues

Words & Music by Melvin Endsley

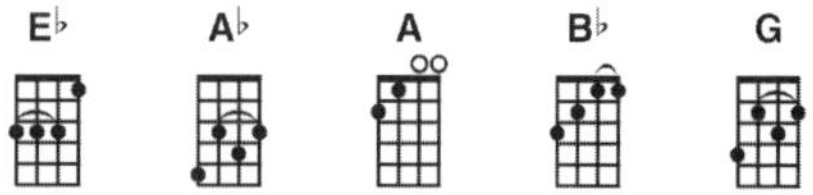


**To match original recording tune ukulele down one semitone**

***Intro***
*(Whistling)*

| E♭ | A♭ | E♭ | A♭ A B♭ |
| A♭ | B♭ | E♭ A♭ | E♭ ||

***Verse 1***

E♭ A♭
Well, I never felt more like singin' the blues,
E♭ A♭ A B♭
'Cause I never thought that I'd ever lose
A♭ B♭ E♭ A♭ E♭
Your love dear, why'd you do me this way?

***Verse 2***

E♭ A♭
Well, I never felt more like cryin' all night,
E♭ A♭ A B♭
'Cause everything's wrong, and nothin' ain't right
A♭ B♭ E♭ A♭ E♭
With - out you, you got me singin' the blues.

***Bridge 1***

A♭ E♭
Oh, the moon and stars no longer shine,
A♭ E♭
The dream is gone I thought was mine,
A♭ E♭
There's nothin' left for me to do,
E♭ (N.C.) B♭
But cry over you. (Cry over you).

***Verse 3***

E♭ A♭
Well, I never felt more like runnin' away,
E♭ A♭ A B♭
But why should I go 'cause I could - n't stay
A♭ B♭ E♭ A♭ E♭
With - out you, you got me singin' the blues.

***Instrumental*** | E♭ | A♭ | E♭ | A♭ A B♭ |
*(Whistling)* | A♭ | B♭ | E♭ A♭ | E♭ ‖

***Verse 4*** As Verse 1

***Verse 5*** As Verse 2

***Bridge 2*** As Bridge 1

***Verse 6***
```
           E♭                          A♭
Well, I never felt more like runnin' away
     E♭                           A♭          A   B♭
But why should I go 'cause I could - n't stay
        A♭          B♭ (N.C.)
With - out you, you got me singin' the blues.
```

***Outro*** | B♭ A A♭ G | B♭ E♭ ‖

# Stand By Me

Words & Music by Ben E. King, Jerry Leiber & Mike Stoller

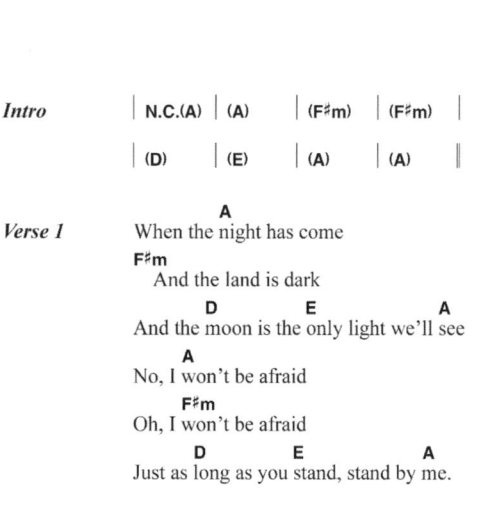

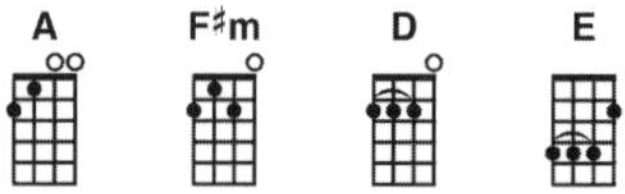


*Intro*

| N.C.(A) | (A) | (F♯m) | (F♯m) |
| (D) | (E) | (A) | (A) ‖

```
                      A
Verse 1    When the night has come
           F♯m
              And the land is dark
                  D              E                A
           And the moon is the only light we'll see
                  A
           No, I won't be afraid
                  F♯m
           Oh, I won't be afraid
                  D           E                A
           Just as long as you stand, stand by me.

           So darling, darling

           A
Chorus 1   Stand by me
                F♯m
           Oh, stand by me
                D      E                A
           Oh, stand,    stand by me,    stand by me.
```

```
              A
Verse 2       If the sky that we look upon
              F♯m
                Should tumble and fall
                  D                  E            A
              Or the mountains should crumble to the sea
                   A
              I won't cry, I won't cry
                         F♯m
              No, I won't___ shed a tear
                   D          E            A
              Just as long as you stand, stand by me.

              And darling, darling

              A
Chorus 2      Stand by me
                 F♯m
              Oh, stand by me
                   D          E            A
              Whoa, stand now,   stand by me,   stand by me.

Instrumental  ‖: A         | A         | F♯m       | F♯m       |
              | D          | E         | A         | A        :‖
                                        (2°) And darling, darling

                A
Chorus 3      ‖: Stand by me
                 F♯m
              Oh, stand by me
                 D              E          A
              Oh, stand now, stand by me, stand by me
                                                   A
              Whenever you're in trouble won't you stand by me
                 F♯m
              Oh, stand by me
                   D            E          A
              Whoa, stand now, oh, stand, stand by me.

              Darling, darling :‖  Repeat ad lib. to fade
```

# Summertime Blues

Words & Music by Eddie Cochran & Jerry Capehart

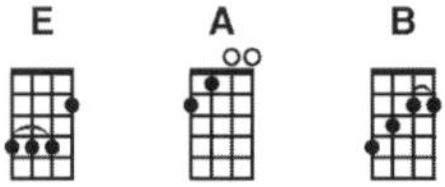


*Intro* | E | E |: E A | B E :|

*Verse 1*

E
Well I'm gonna raise a fuss
EABE
And I'm gonna raise a holler
E
About workin' all summer
EABE
Just to try to earn a dollar.
A
Well I try to call my baby,
E (N.C)
Try to get a date, my boss says

"No, dice, son

You gotta work late."
A
Sometimes I wonder

What I'm-a gonna do,
E (N.C)
But there ain't no cure
| E | E |: E A | B E :|
For the summertime blues.

*Verse 2*

```
           E
Well, my mom and papa told me
                                        E A B E
"Son, you gotta make some money
        E
If you wanna use the car to go
                               E A B E
Ridin' next Sunday."
         A
Well, I didn't go to work,

I told my boss I was sick,
           E (N.C)
"But you can't use the car

'Cause you didn't work a lick."
A
Sometimes I wonder
        A
What I'm-a gonnna do,
           E (N.C)
But there ain't no cure
                             | E      | E      ||: E  A | B  E :||
For the summertime blues.
```

```
                     E
Verse 3     I'm gonna take two weeks,
                                             E A B E
            Gonna have a fine vacation,
                     E
            I'm gonna take my problem
                  E                 E A B E
            To the United Nations.
                  A
            Well, I called my congressman,
                A
            And he said, quote,
                 E (N.C)
            "I'd like to help you, son

            But you're too young to vote."
            A
            Sometimes I wonder
                 A
            What I'm-a gonnna do,
                       E (N.C)
            But there ain't no cure
                                    | E      | E      ||
            For the summertime blues.

Outro       |: E  A  | B  E  :|  Play 5 times
```

# Sweet Home Alabama

Words & Music by Ronnie Van Zant, Ed King & Gary Rossington

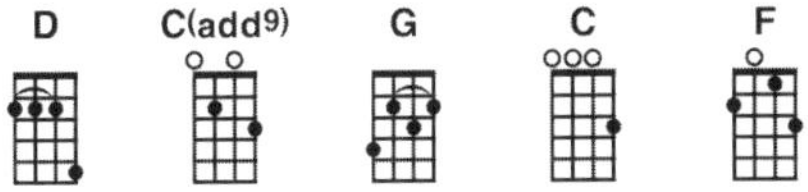


**To match original recording tune ukulele slightly flat**

*Intro* ‖: D  C(add9) | G  :‖ *Play 4 times*

*Verse 1*

D  C(add9)  G
Big wheels keep on turning
D  C(add9)  G
Carry me home to see my kin
D  C(add9)  G
Singing songs about the Southland
D  C(add9)  G
I miss Alabama once again

And I think its a sin, yes.

*Link* ‖: D  C | G  :‖

*Verse 2*

D  C(add9)  G
Well I heard Mr. Young sing about her,
D  C(add9)  G
Well, I heard ol' Neil put her down
D  C(add9)  G
Well, I hope Neil Young will remember
D  C(add9)  G
A Southern man don't need him around anyhow.

*Chorus 1*

D  C  G  C
Sweet home Alabama
D  C  G  C
Where the skies are so blue,
D  C  G  C
Sweet Home Alabama
D  C  G  F  C
Lord, I'm coming home to you.

*Instrumental 1* 𝄆 D C | G 𝄇

*Verse 3*

```
D                C(add9)            G        F    C
   In Birmingham they love the gov'nor, (ooh, ooh, ooh)
D                C(add9)           G
   Now we all did what we could do
D                C(add9)       G
   Now Watergate does not bother me
D                C(add9)            G
   Does your conscience bother you?
```

Tell the truth.

*Chorus 2*

```
D         C          G        C
   Sweet home Alabama
D             C           G         C
   Where the skies are so blue
D         C          G        C
   Sweet Home Alabama
D               C                 G
   Lord, I'm coming home to you
```

Here I come, Alabama.

*Instrumental 2* 𝄆 D C | G 𝄇 *Play 10 times*

*Verse 4*

```
D                    C(add9)            G
   Now Muscle Shoals has got the Swampers
D                           C(add9)                    G
   And they've been known to pick a song or two (yes they do),
D                C(add9)     G
   Lord they get me off so much
D                    C(add9)           G
   They pick me up when I'm feeling blue
```

Now how about you?

```
           D       C        G       C
Chorus 3     Sweet home Alabama
           D          C          G      C
             Where the skies are so blue
           D       C        G       C
             Sweet Home Alabama
           D          C                G     F    C
             Lord, I'm coming home to you.

           D       C        G                          C
Chorus 4     Sweet home Alabama (oh sweet home baby)
           D          C          G                          C
             Where the skies are so blue (and the guv'nor's true)
           D       C        G          C
             Sweet Home Alabama (Lordy)
           D          C                G
             Lord, I'm coming home to you.

Outro      ||: D   C  | G      :||      Repeat to fade

             Yeah, yeah Montgomery's got the answer.
```

# Sweet Caroline

Words & Music by Neil Diamond

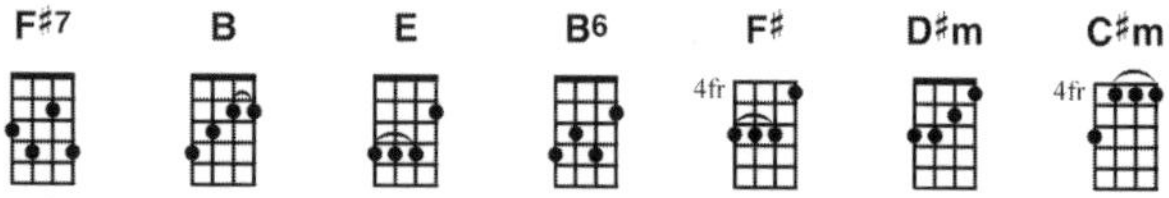


*Intro* | F♯7 | F♯7 | F♯7 | F♯7 |
| F♯7 | F♯7 | F♯7 | F♯7 ||

*Verse 1*

B E
Where it began,
B
I can't begin to know when,
F♯7 B
But then I know it's growing strong.
E
Was in the spring,
B
And spring became the summer.
F♯7
Who'd of believed you'd come a - long?

*Pre-chorus 1*

B B6 F♯ E
Hands, touching hands, reaching out,
F♯
Touching me, touching you.

*Chorus 1*

B E
Sweet Caro - line,
F♯
Good times never seem so good.
B E F♯
I've been in - clined to believe they never would.
E D♯m C♯m
But now I...

```
             B                      E
Verse 2          Look at the night,
                                       B
             And it don't seem so lonely,
                                  F♯7    B
             We fill it up with only two.
                               E
             And when I hurt,
                                         B
             Hurting runs off my shoulders.
                                        F♯7
             How can I hurt when holding you?

             B   B6            F♯           E
Pre-chorus 2 One,  touching one,  reaching out
                                  F♯
             Touching me, touching you.

             B          E
Chorus 2     Sweet Caro - line,
                                     F♯
             Good times never seem so good.
             B          E                       F♯
             I've been in - clined to believe they never would.
             E  D♯m  C♯m
             Oh no,  no.

Link         | F♯7 | F♯7 | F♯7 | F♯7 |
             | F♯7 | F♯7 | F♯7 | F♯7 ||

               B          E
Chorus 3     |: Sweet Caro - line,
                                     F♯
             Good times never seem so good.
             B          E
             Sweet Caro - line,
                                F♯
             I believe they never could. :|   Repeat to fade
```

# Toxic

Words & Music by Cathy Dennis, Christian Karlsson,
Pontus Winnberg & Henrik Jonback

Cm E♭7 G7 D7 D♭7 A♭7

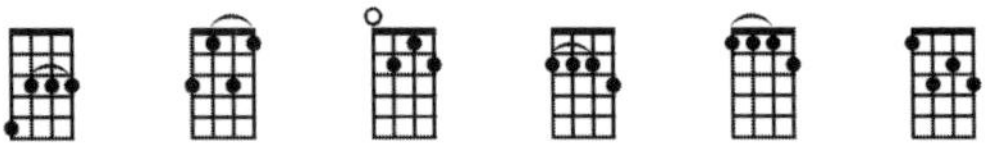

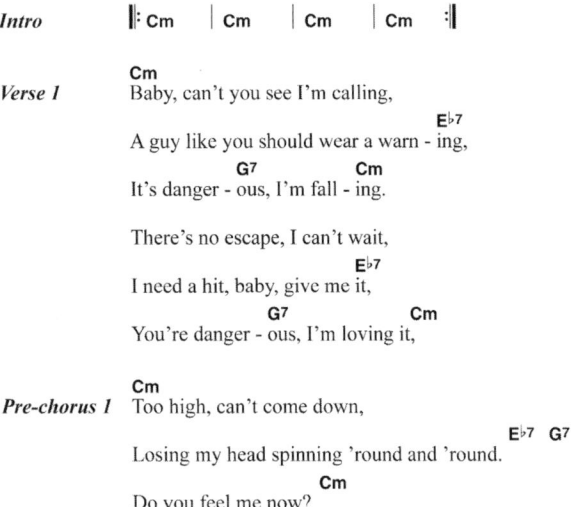

*Intro* |: Cm | Cm | Cm | Cm :|

```
            Cm
Verse 1     Baby, can't you see I'm calling,
                                          E♭7
            A guy like you should wear a warn - ing,
                      G7          Cm
            It's danger - ous, I'm fall - ing.

            There's no escape, I can't wait,
                                   E♭7
            I need a hit, baby, give me it,
                         G7             Cm
            You're danger - ous, I'm loving it,

              Cm
Pre-chorus 1  Too high, can't come down,
                                                    E♭7  G7
              Losing my head spinning 'round and 'round.
                                   Cm
              Do you feel me now?
```

```
              Cm                               E♭7
Chorus 1      With a taste of your lips I'm on a ride,
              D7               D♭7
                You're toxic, I'm slipping under.
                   Cm               E♭7
              With a taste of a poison paradise,
                 A♭7
              I'm addicted to you,
                     G7                 D♭7    Cm
              Don't you know that you're toxic?
              E♭7    D7
                And I love what you do,
                     D♭7                       Cm  E♭7  A♭7  G7  D♭7  Cm
              Don't you know that you're toxic?

              Cm
Verse 2       It's getting late to give you up,
                                              E♭7
              I took a sip from the devil's cup,
                   G7                    Cm
              Slowly   it's taking over me.

              Cm
Pre-chorus 2  Too high, can't come down,
                                                E♭7  G7
              It's in the air and it's all around,
                                        Cm
              Can you feel me now?

              Cm                               E♭7
Chorus 2      With a taste of your lips I'm on a ride,
              D7               D♭7
                You're toxic, I'm slipping under.
                   Cm               E♭7
              With a taste of a poison paradise,
                 A♭7
              I'm addicted to you,
                     G7                 D♭7    Cm
              Don't you know that you're toxic?
              E♭7    D7
                And I love what you do,
                     D♭7                       Cm  E♭7  A♭7
              Don't you know that you're toxic?
                     G7
              Don't you know that you're toxic?
```

```
Link        | Cm    | E♭7   | D7    | D♭7   |

            | Cm    | A♭7   | G7    | Cm    | Cm    ||

            Cm                                E♭7  D7
Chorus 3    Taste of your lips I'm on a ride,
                          D♭7
            You're toxic, I'm slipping under.
                     Cm              E♭7
            With a taste of a poison paradise,
                 A♭7
            I'm addicted to you,
                          G7                D♭7    Cm
            Don't you know that you're toxic?
                                            E♭7
            With a taste of your lips I'm on a ride,
            D♭7                 D♭7
               You're toxic, I'm slipping under.
                     Cm              E♭7
            With a taste of a poison paradise,
                 A♭7
            I'm addicted to you,
                          G7                D♭7    Cm
            Don't you know that you're toxic?

            Cm                 E♭7                        D7
Outro       Intoxicate me now    with your loving now,
                                    D♭7
            I think I'm ready now,    I think I'm ready now.
            Cm                        E♭7                          A♭7
               Intoxicate me now    with your loving now,
                                    N.C.  (Cm)
            I think I'm ready now.
```

# Video Games

Words & Music by Elizabeth Grant & Justin Parker

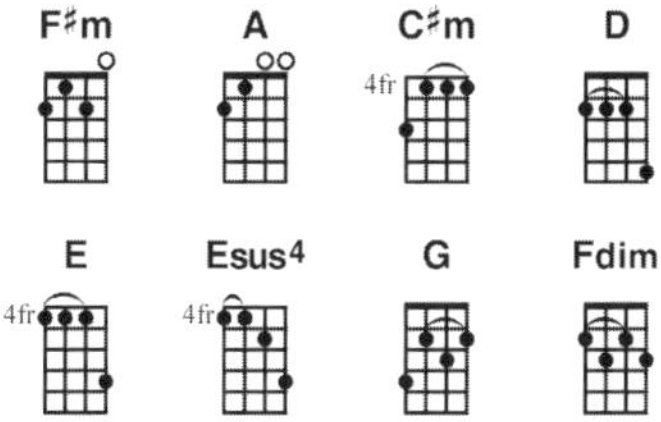

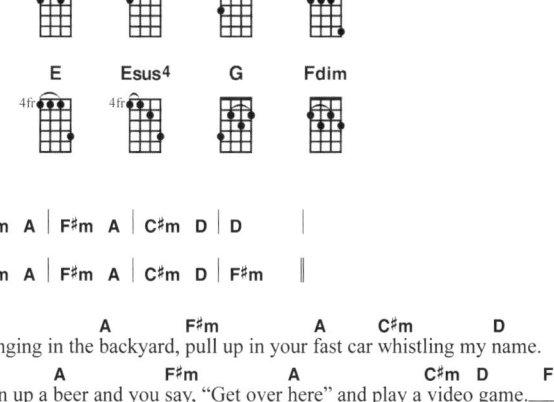

*Intro* | F♯m A | F♯m A | C♯m D | D |

| F♯m A | F♯m A | C♯m D | F♯m ‖

*Verse 1*

```
F♯m             A          F♯m            A       C♯m           D
Swinging in the backyard, pull up in your fast car whistling my name.
F♯m        A            F♯m            A                C♯m   D       F♯m
Open up a beer and you say, "Get over here" and play a video game.____
    F♯m            A
I'm in his favorite sun dress,
F♯m              A          C♯m            D
Watching me get undressed, take that body downtown.
F♯m            A
I say, "You the bestest."
F♯m          A        C♯m              D        F♯m
Lean in for a big kiss, put his favourite perfume on.
          C♯m   D
Go play a video game.
```

*Chorus 1*

```
      E
It's you, it's you, it's all for you,
Esus4                              D
Everything I do, I tell you all the time,
                                   A
Heaven is a place on earth where you
                              G        F♯m
Tell me all the things you want to do.
                            A
I heard that you like the bad girls,
D
Honey, is that true?
                             A
It's better than I ever even knew,
                              G          F♯m
They say that the world was built for two.
                        A       D                 Fdim
Only worth living if some - body is loving you.
                        (F♯m)
And baby, now you do.
```

*Link*

```
| F♯m  A | F♯m  A | C♯m  D | D        ||
```

*Verse 2*

```
F♯m             A          F♯m                   A          C♯m              D
Singing in the old bars, swinging with the old stars, living for the fame.
F♯m            A              F♯m                 A           C♯m  D         F♯m
Kissing in the blue dark, playing pool and wild darts, video games.
                          A
He holds me in his big arms,
F♯m             A             C♯m         D
Drunk and I am seeing stars, this is all I think of.
F♯m                A            F♯m           A
Watching all our friends fall in and out of Old Paul's,
C♯m           D          F♯m
This is my idea of fun.
          C♯m  D
Playing video games.
```

```
               E
*Chorus 2*     It's you, it's you, it's all for you,

               Esus4                          D
               Everything I do, I tell you all the time,

                                              A
               Heaven is a place on earth where you

                                    G         F♯m
               Tell me all the things you want to do.

                                   A
               I heard that you like the bad girls,

               D
               Honey, is that true?

                                      A
               It's better than I ever even knew,

                                         G          F♯m
               They say that the world was built for two.

                             A        D                 Fdim
               Only worth living if some - body is loving you.

                              (F♯m)
               And baby, now you do.


               F♯m     A          F♯m A          C♯m D
*Bridge 1*        Now, now you do,   now you do,   now you do.
               F♯m     A          F♯m A          C♯m D             F♯m
                  Now, now you do,   now you do,   now you do.


*Chorus 3*     As Chorus 1

               F♯m     A          F♯m A          C♯m D
*Bridge 2*        Now, now you do,   now you do,   now you do.
                      F♯m
               Now you do.
                    A          F♯m A          C♯m D            F♯m
               Now, now you do,   now you do,   now you do.


*Outro*        | F♯m  A | F♯m  A | C♯m  D | D      |

               | F♯m  A | F♯m  A | C♯m  D | F♯m    ||
```

# Teach Your Children

Words & Music by Graham Nash

D G A Bm A7

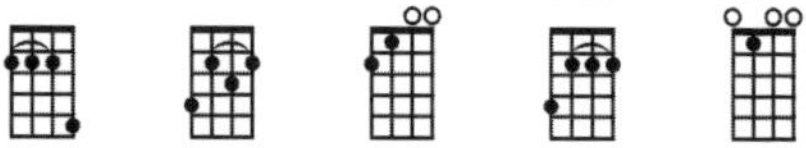

*Intro*

| D | D | G | G |
| D | D | A | A ||

*Verse 1*

D G
You who are on the road,
A7 D A
Must have a code that you can live by.
D G
And so become your - self,
D A
Because the past is just a good-bye.

*Chorus 1*

D G
Teach your children well,
A7 D A
Their father's hell did slowly go by.
D G
And feed them on your dreams,
D A A7
The one they picks, the one you'll know by.

*Bridge 1*

D G D
Don't you ever ask them why, if they told you, you would cry,
Bm G A7
So just look at them and sigh,
G D
And know they love you.

*Instrumental*

| D | D | G | G |
| D | D | A | A ||

```
                D                   G
Verse 2     And you, of tender years,
                           D                          A
            Can't know the fears that your elders grew by.
                    A7     D                             G
            And so please help them with your   youth,
                          D                        A        A7
            They seek the truth before they can die.

            D                   G
Chorus 2    Teach your parents well,
                             D                   A
            Their children's hell will slowly go by.
                 D                     G
            And feed them on your dreams,
                           D                       A
            The one they picks, the one you'll know by.

            D                              G                            D
Bridge 2       Don't you ever ask them why, if they told you, you would cry,
                                         Bm  G  A7
            So just look at them and sigh,
                              G   D
            And know they love you.

Outro       | D     | D     | G     | G     |
            | D     | A     | D     | D A D ||
```

# That'll Be The Day

Words & Music by Buddy Holly, Norman Petty & Jerry Allison

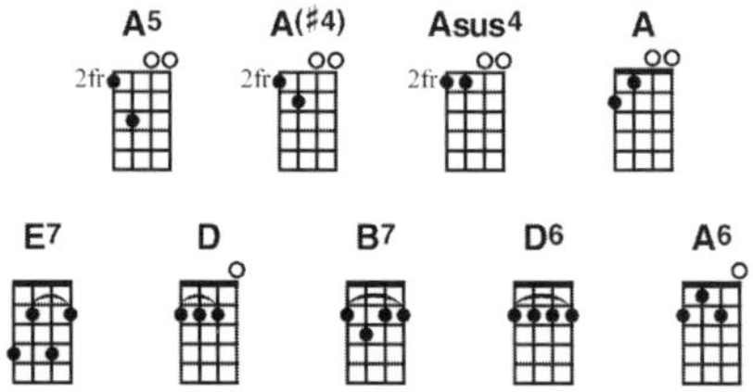


*Intro* | A5 A(♯4) Asus4 A | E7 ||

*Chorus 1*

D
Well, that'll be the day when you say goodbye
A
Yes, that'll be the day when you make me cry
D
You say you're gonna leave, you know it's a lie
A (N.C.) E7 A
'Cause that'll be the day when I die.

*Verse 1*

D A
Well, you give me all your lovin' and your turtle dovin'
D A
All your hugs and kisses and your money too
D
Well, you know you love me baby,
A
Still you tell me, maybe,
B7 E7
That some day, well, I'll be through.

*Chorus 2* As Chorus 1

*Guitar solo*

| A | A | A | A |

| D D6 D D6 | D D6 D D6 | A A6 A A6 | A A6 A A6 |

| E7 | D | A A5 A(♯4) Asus4 | A E7 ||

*Chorus 3* As Chorus 1

*Verse 2*

```
       D                                  A
Well,   when Cupid shot his dart   he shot it at your heart
D                             A
   So if we ever part then I'll leave you
D                                     A
   You sit and hold me and you    tell me boldly
B7                       E7
That some day, well, I'll be blue.
```

*Chorus 4* As Chorus 1

*Outro*

```
        D
Well, that'll be the day, woo hoo,
A
That'll be the day, woo hoo,
D
That'll be the day, woo hoo,
A
That'll be the day.
```

| A ||

# Three Little Birds

Words & Music by Bob Marley

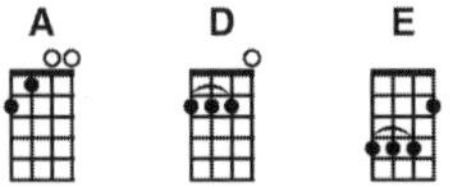


*Intro* | A | A | A | A ||

*Chorus 1*

A
Don't worry about a thing,
D A
'Cause every little thing gonna be all right.

Singin' don't worry about a thing,
D A
'Cause every little thing gonna be all right!

*Verse 1*

A
Rise up this mornin',
E
Smiled with the risin' sun,
A
Three little birds
D
Pitch by my doorstep
A
Singin' sweet songs
E
Of melodies pure and true,
D A
Sayin', "This is my message to you-ou-ou:"

*Chorus 2*

A
Singin' don't worry 'bout a thing,
D A
'Cause every little thing gonna be all right.

Singin' don't worry (don't worry) 'bout a thing,
D A
'Cause every little thing gonna be all right!

*Verse 2*

```
                 A
Rise up this mornin',
                    E
Smiled with the risin' sun,
                A
Three little birds
                 D
Pitch by my doorstep
           A
Singin' sweet songs
                 E
Of melodies pure and true,
          D                            A
Sayin', "This is my message to you-ou-ou:"
```

*Chorus 3*

```
                   A
‖: Singin' don't worry about a thing, worry about a thing, oh!
D                                A
Every little thing gonna be all right, don't worry!

Singin' don't worry about a thing, I won't worry!
          D                               A
'Cause every little thing gonna be all right. :‖   Repeat to fade
```

# Train In Vain (Stand By Me)

Words & Music by Mick Jones, Joe Strummer, Paul Simonon & Topper Headon

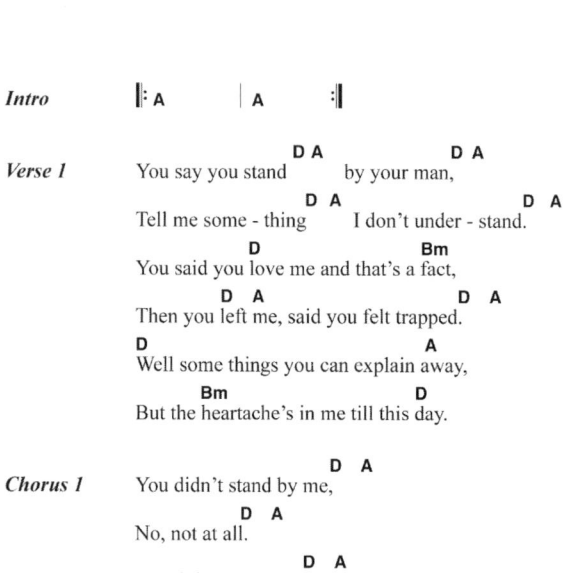

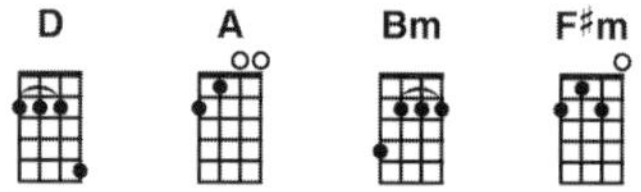


```
Intro        |: A          | A          :|

                             D A                 D A
Verse 1      You say you stand      by your man,
                               D  A                    D  A
             Tell me some - thing    I don't under - stand.
                          D                  Bm
             You said you love me and that's a fact,
                      D  A                    D  A
             Then you left me, said you felt trapped.
             D                                A
             Well some things you can explain away,
                     Bm                       D
             But the heartache's in me till this day.

                                      D  A
Chorus 1     You didn't stand by me,
                              D  A
             No, not at all.
                                   D  A
             You didn't stand by me,
                       D  A
             No way.
```

***Verse 2***

```
                    D A
All the times
                           D    A
When we were close,
                   D    A
I'll remem - ber
                           D    A
These things the most.
    D                               Bm
I see all my dreams come tumbling down
          D     A                    D    A
I won't be happy    without you a - round.
     D                         A
So all alone I keep the wolves at  bay,
              Bm                      D
And there's only one thing that I can say.
```

***Chorus 2***

```
                            D    A
You didn't stand by me,
                   D    A
No, not at all.
                            D    A
You didn't stand by me,
            D    A
No way.
```

***Bridge***

```
                  A  F♯m
You must expl-a-i-n
Bm
Why this must be,

| D A   | D A   |
              A  F♯m
Did you l - i  -  e
Bm
When you spoke to me?

| D A   | D A   |
```

```
                  D    A
Chorus 3   Did you stand by me?
                       D    A
           No, not at all.

Verse 3                   D    A
           Now I got a job,
                          D    A
           But it don't pay.
                          D    A
           I need new clothes,
                                D    A
           I need somewhere to stay.
                     D                        Bm
           But with - out all these things I can do,
                              D   A               D    A
           But without your love I won't make it through.
               D                              A
           But you don't understand my point of view,
                   Bm                     D
           I sup - pose there's nothing I can do.

                                 D    A
Chorus 4   You didn't stand by me,
                      D    A
           No, not at all.
                                 D    A
           You didn't stand by me,
                  D    A
           No way.
                                 D    A
           You didn't stand by me,
                      D    A
           No, not at all.
                                 D    A
           You didn't stand by me,
                  D    A
           No way.
```

*Bridge*

```
                A   F♯m
You must expl-a-i-n
Bm
Why this must be,

| D A  | D A  |
           A   F♯m
Did you l - i - e
Bm
when you spoke to me?

| D A  | D A  |
```

*Chorus 5*

```
                     D    A
Did you stand by me?

| D A  | D A  | D A  |
                         D    A
Did you stand by me?
            D    A
No, not at all
                           D    A
Did you stand by me?
              D    A
No way :||

||: D A  | D A  :||
```

# Use Somebody

Words & Music by Caleb Followill, Nathan Followill,
Jared Followill & Matthew Followill

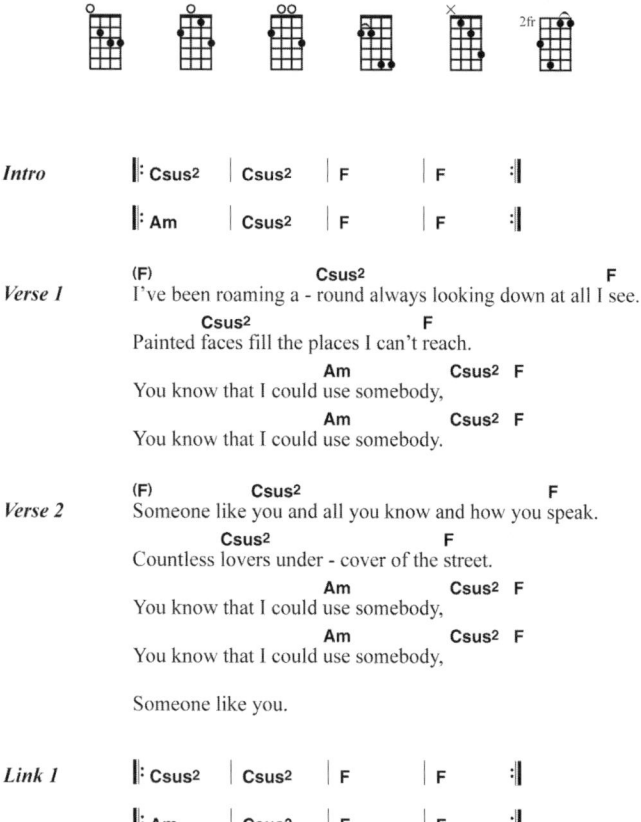

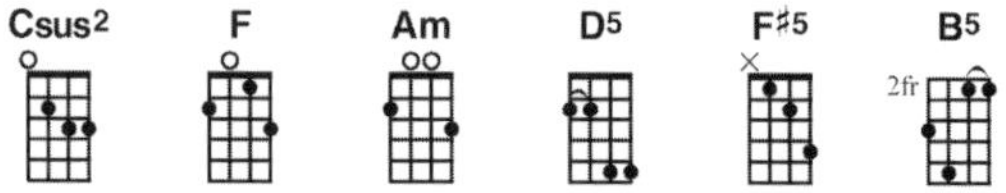


*Intro*

‖: Csus2 | Csus2 | F | F :‖

‖: Am | Csus2 | F | F :‖

*Verse 1*

(F) Csus2 F
I've been roaming a - round always looking down at all I see.
Csus2 F
Painted faces fill the places I can't reach.
Am Csus2 F
You know that I could use somebody,
Am Csus2 F
You know that I could use somebody.

*Verse 2*

(F) Csus2 F
Someone like you and all you know and how you speak.
Csus2 F
Countless lovers under - cover of the street.
Am Csus2 F
You know that I could use somebody,
Am Csus2 F
You know that I could use somebody,

Someone like you.

*Link 1*

‖: Csus2 | Csus2 | F | F :‖

‖: Am | Csus2 | F | F :‖

```
          (F)          Csus2                                 F
Verse 3   Off in the night, while you live it up I'm off to sleep.
                 Csus2                              F
          Waging wars to shake the poet and the beat.
                              Am              Csus2  F
          I hope it's gonna make you notice,
                              Am              Csus2  F
          I hope it's gonna make you notice,
                              Csus2          F
          Someone like me.
                              Csus2          F
          Someone like me.
                              Am
          Someone like me,
                        Csus2  F  Am  Csus2  F
          Somebody.

          D5                        F♯5
Bridge       Go and let it out, go and let it out,
                                D5
          Go and let it out, go and let it out,
                                F♯5
          Go and let it out, go and let it out,
                    B5
          Go and let it out, go and let it out.

Outro     | Csus2    | Csus2    | F        | F        |
          | Csus2    | Csus2    | F        ||

          F                 Am
          Someone like you,
                        Csus2  F
          Somebody.
                            Am
          Someone like you,
                        Csus2  F
          Somebody.
                            Am
          Someone like you,
                        Csus2  F
          Somebody.
                                Csus2
          I've been roaming a - round,
                                  F
          Always lookin' down at all I see.
```

# Viva La Vida

Words & Music by Guy Berryman, Jon Buckland,
Will Champion & Chris Martin

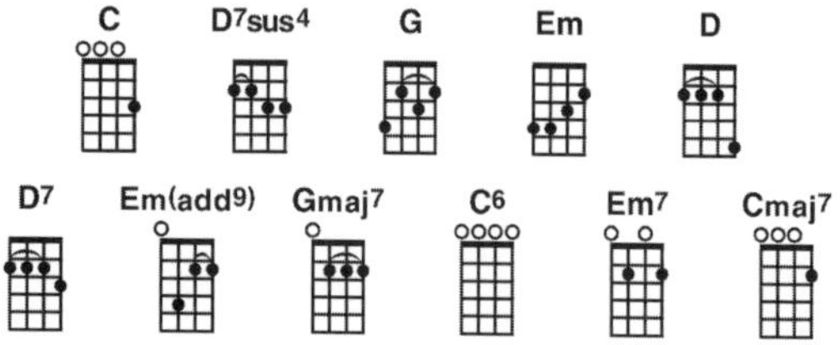


**To match original recording tune ukulele up one semitone**

*Intro*

| C | D7sus4 | G | Em |
| C | D7sus4 | G | Em ||

*Verse 1*

(Em)  C  D7sus4
I used to rule the world,
G  Em
Seas would rise when I gave the word.
C  D7sus4
Now in the morning I sleep a - lone,
G  Em
Sweep the streets I used to own.

*Interlude 1*

| C | D | G | Em |
| C | D | G | Em ||

*Verse 2*

```
(Em)        C          D7sus4
I used to roll the dice,
           G                    Em
Feel the fear in my enemy's eyes.
                   C              D7sus4
Listened as the crowd would sing:
           G                    Em
"Now the old king is dead, long live the king."
                 C          D7sus4
One minute I held the key,
          G                    Em
Next the walls were closed on    me.
                               C        D7sus4
And I discovered that my castles stand,
        G                    Em
Upon pillars of salt and pil - lars of sand.
```

*Chorus 1*

```
  C                D7
I hear Jerusalem bells a-ringing,
G                Em(add9)
Roman cavalry choirs are singing.
C                  D7
Be my mirror my sword and shield,
     G                   Em(add9)
My missionaries in a foreign field.
C                  D7
For some reason I can't explain,
G                        Em(add9)
Once you'd gone there was never,
                C    D7
Never an ho - nest word,
              Gmaj7           Em
And that was when I ruled the world.
```

*Interlude 2*

| C6 | D7 | G | Em7 |
| C6 | D7 | G | Em7 ||

*Verse 3*

```
(Em7)                          C     D7sus4
It was the wicked and wild wind,
                   G                 Em
Blew down the doors to let me in.
                                C          D7sus4
Shattered windows and the sound of drums,
        G                          Em
People couldn't believe what I'd become.
               C     D7sus4
Revolution - aries wait,
        G                Em
For my head on a silver plate.
                     C       D7sus4
Just a puppet on a lonely string,
    G                             Em
Oh, who would ever want to be king?
```

*Chorus 2*

```
  C               D7
I hear Jerusalem bells a-ringing,
G                 Em(add9)
Roman cavalry choirs are singing.
C                  D7
Be my mirror my sword and shield,
    G                     Em(add9)
My missionaries in a foreign field.
C                  D7
For some reason I can't explain,
  G                       Em(add9)
I know St. Peter won't call my name.
      C          D7
Never an honest word,
               Gmaj7           Em
But that was when I ruled the world.
```

*Interlude 3* | C | Em | C | Em |

| C | Em | D7 ||

```
(D7)                C   D
Oh, oh, oh, oh, oh,     oh.
                    G   Em(add9)
Oh, oh, oh, oh, oh,     oh.
                    C   D7
Oh, oh, oh, oh, oh,     oh.
                    G   Em(add9)
Oh, oh, oh, oh, oh,     oh.

Oh, oh, oh, oh, oh.
```

*Chorus 3*

```
C                D7
Hear Jerusalem bells a-ringing,
G                Em(add9)
Roman cavalry choirs are singing.
C                  D7
Be my mirror my sword and shield,
   G                     Em(add9)
My missionaries in a foreign field.
C                  D7
For some reason I can't explain,
 G                         Em(add9)
I know St. Peter won't call my name.
           Cmaj7  D
Never an honest word,
               G              Em
But that was when I ruled the world.
```

*Outro* |: C | D | Gmaj7 | Em7 |

| C | D | Gmaj7 | Em7 :| *Repeat to fade*

# White Rabbit

Words & Music by Grace Slick

F♯ G A C D E

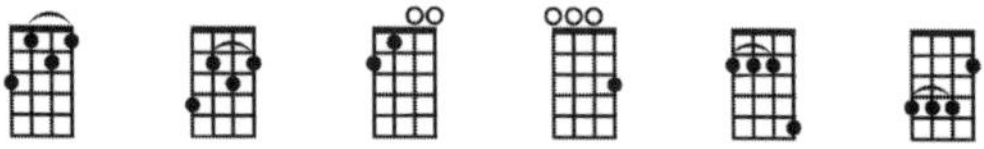

*Intro* |: F♯ | F♯ | G | G :| *Play 3 times*

*Verse 1*

F♯
One pill makes you larger,
G
And one pill makes you small
F♯
And the ones that mother gives you,
G
Don't do anything at all

*Chorus 1*

A
Go ask Alice,
C D A
When she's ten feet tall.

*Verse 2*

F♯
And if you go chasing rabbits,
G
And you know you're going to fall,
F♯
Tell 'em a hookah-smoking caterpillar
G
Has given you the call.

*Chorus 2*

A
And call Alice,
C D A
When she was just small.

*Middle*

```
E
  When the men on the chessboard
          A
Get up and tell you where to go,
           E
And you've just had some kind of mushroom
         A
And your mind is moving low.
```

*Chorus 3*

```
      F♯
Go ask Alice,

I think she'll know.
```

*Verse 3*

```
F♯
  When logic and proportion
     G
Have fallen sloppy dead
        F♯
And the white knight is talking backwards
        G
And the red queen's off with her head.
```

*Outro*

```
  A       C        D        A
Remember   what the dormouse said,
 E        A    E       A
"Feed your head, feed your head."
```

# Who Knows Where The Time Goes?

Words & Music by Sandy Denny

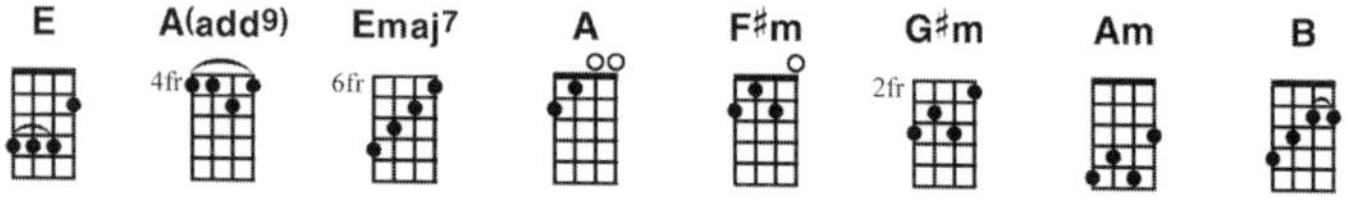


*Intro* ‖: E | A(add9) | Emaj7 | A(add9) :‖

*Verse 1*

E A(add9) Emaj7 A(add9)
Across the evening sky, all the birds are lea - ving,
E A(add9) Emaj7 A
But how can they know it's time for them to go?
F♯m G♯m Am G♯m
Before the winter fire, I will still be dreaming,
A E
I have no thought of time.

*Chorus 1*

B A
For who knows where the time goes?
E F♯m A F♯m
Who knows where the time goes? ___

*Link 1* | E | A(add9) | Emaj7 | A(add9) ‖

*Verse 2*

E A(add9) Emaj7 A(add9)
Sad, deserted shore, your fickle friends are leaving,
E A(add9) Emaj7 A
Ah, but then you know it's time for them to go, ___
F♯m G♯m Am G♯m
But I will still be here, I have no thought of leaving,
A E
I do not count the time.

```
               B                        A
*Chorus 2*     For who knows where the time goes?
               E                        F♯m  A      F♯m
               Who knows where the time  goes? ___
```

```
*Link 2*       | E        | A(add9)  | Emaj7   | A(add9)  ||
```

```
                  E              A(add9)    Emaj7     A(add9)
*Verse 3*      And I am not alone  while my love is near me,
               E                      A(add9)          Emaj7  A
                 I know it will be so  until it's time to go. ___
                  F♯m                     G♯m
               So come the storms of winter
               Am                        G♯m
                 And then the birds in spring again,
               A                        E
                 I have no fear of time
```

```
                  B                        A
*Chorus 3*     For who knows how my love grows?
                  E                        F♯m  A      F♯m
               And who knows where the time  goes? ___
```

```
*Outro*        ||: E       | A(add9)  | Emaj7   | A(add9)  :||  Repeat to fade
```

# Wichita Lineman

Words & Music by Jimmy Webb

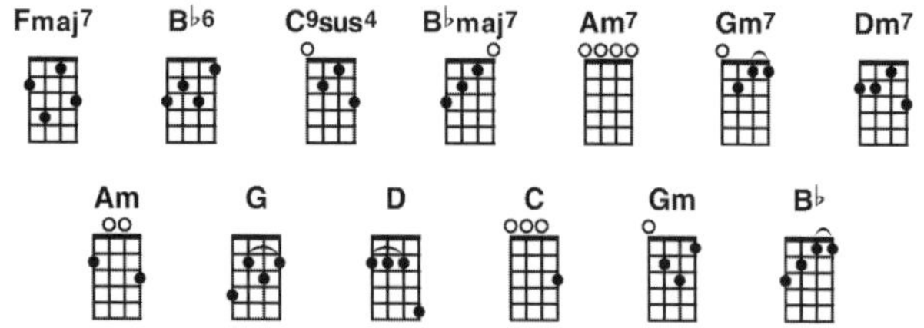


*Intro* | Fmaj7 | B♭6 | Fmaj7 | C9sus4 ||

*Verse 1*

B♭maj7
I am a lineman for the county,
Am7 Gm7
And I drive the main road
Dm7 Am
Searchin' in the sun
G D
For another overload.

*Chorus 1*

C
I hear you singin' in the wires,
G
I can hear you through the whine,
Gm D
And the Wichita lineman
C B♭ C | B♭ | C9sus4 ||
Is still on the line. ______

*Verse 2*

B♭maj7
I know I need a small vacation,
Am7 Gm7
But it don't look like rain,
Dm7 Am
And if it snows, that stretch down south
G D
Will never stand the strain.

```
                                        C
Chorus 2       And I need you more than want you,
                                     G
               And I want you for all time,
               Gm                D
                 And the Wichita lineman
               C              B♭    C   | B♭     | C9sus4  ||
                 Is still on the line. ___

Instrumental   | B♭maj7  | Am7     | Gm7     | Dm7  Am |

               | G       | D       | D       ||

                                        C
Chorus 3       And I need you more than want you,
                                     G
               And I want you for all time,
               Gm                D
                 And the Wichita lineman
               C              B♭    C   | B♭     | C9sus4  ||
                 Is still on the line. ___

Outro          ||: B♭    | C       | B♭      | C       :||  Repeat to fade
```

# Writing To Reach You

Words & Music by Fran Healy

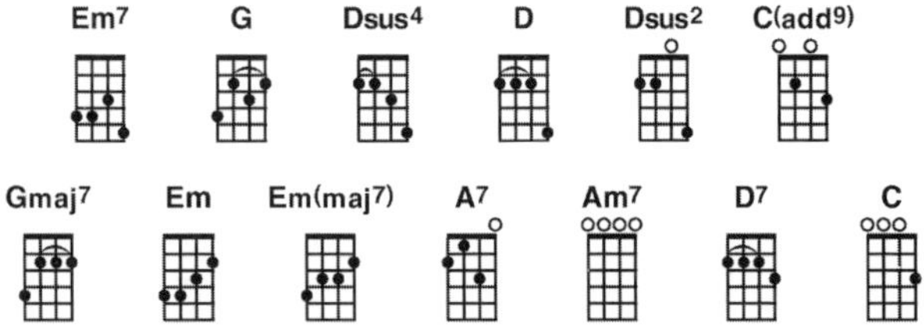


**To match original recording tune ukulele up one tone**

*Intro* |: Em7 G | Dsus4 D Dsus2 D :| *Play 4 times*

*Verse 1*

Em7 G Dsus4 D Dsus2 D
Every day I wake up and it's Sunday, _________
Em7 G Dsus4 D Dsus2 D
Whatever's in my eye won't go away. _________
Em7 G Dsus4 D Dsus2 D
The radio is playing all the usual, _________
Em7 G Dsus4 D Dsus2
And what's a wonderwall anyway? _________

*Chorus 1*

D G Dsus4
Because my inside is outside,
G Dsus4
My right side's on the left side,
C(add9) G Gmaj7
'Cause I'm writing to reach you now.
Em Em(maj7)
But I might never reach you,
G A7 Am7 D7
Only want to teach you about you, but that's not you.

*Verse 2*

Em7 G Dsus4 D Dsus2 D
It's good to know that you are home for Christmas,
Em7 G Dsus4 D Dsus2 D
It's good to know that you are doing well.____
Em7 G Dsus4 D Dsus2 D
It's good to know that you all know I'm hurting, _________
Em7 G Dsus4 D Dsus2
It's good to know I'm feeling not so _______ well.

```
                D              G            Dsus4
Chorus 2        Because my inside is outside,
                  G                    Dsus4
                My right side's on the left side,
                               C(add9)   G          Gmaj7
                'Cause I'm writing to reach you   now.
                  Em                  Em(maj7)
                But   I might never reach you,
                G                 A7        Am7       D7
                Only want to teach you about you,   but that's not you.
                          Am7              D7
                Do you know it's true?   But that won't do.


Solo            ||: Em7  G  | Dsus4  D  Dsus2  D :||  Play 3 times

                | C(add9) G  Gmaj7 | Dsus4  D  Dsus2  D ||


                Em7            G                 Dsus4   D  Dsus2  D
Verse 3         Maybe then tomorrow will be Monday,
                           Em7          G             Dsus4  D  Dsus2  D
                And whatever's in my eye should go ____ away,
                        Em7             G               Dsus4  D  Dsus2  D
                Still the radio keeps playing all the usual, ________
                    Em7             G         Dsus4   D  Dsus2
                And what's a wonderwall anyway?


                D              G            Dsus4
Chorus 3        Because my inside is outside,
                  G                    Dsus4
                My right side's on the left side,
                               C(add9)   G          Gmaj7
                'Cause I'm writing to reach you   now.
                  Em                  Em(maj7)
                But   I might never reach you,
                G                 A7        Am7       D7
                Only want to teach you about you,   but that's not you.
                          Am7              D7
                Do you know it's true?   And that won't do.
                    Am7             D7                   Am7     D7
                You know it's you   I'm talking to. ______


Coda            | Em7  G  | Dsus4  D  Dsus2  C ||
```

# Yakety Yak

Words & Music by Jerry Leiber & Mike Stoller

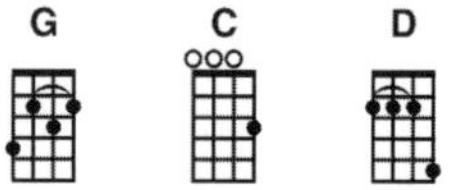


**To match original recording tune ukulele slightly sharp**

*Verse 1*

                                            G
Take out the papers and the trash
                                            C
Or you don't get no spendin' cash,
                                            D
If you don't scrub that kitchen floor
D (N.C.)                                                 G
          You ain't gonna rock and roll no more.
          G (N.C.)
Yakety yak. (Don't talk back.)

*Verse 2*

                                         G
Just finish cleanin' up your room,
                                            C
Let's see that dust fly with that broom,
                                         D
Get all that garbage out of sight,
D (N.C.)                              G
Or you don't go out Friday night.
          G (N.C.)
Yakety yak. (Don't talk back.)

*Verse 3*

                                            G
You just put on your coat and hat,
                                                        C
And walk yourself to the Laundro - mat,
                                         D
And when you finish doin' that,
D (N.C.)                                      G
Bring in the dog and put out the cat.
          G (N.C.)
Yakety yak. (Don't talk back.)

*Saxophone solo*

| G | G | C | C |
| D | D | G (N.C.) | (N.C.) |
| G | G | C | C |
| D | D | G (N.C.) ||

*Verse 4*

```
                           G
Don't you give me no dirty looks,
                                C
Your father's hip, he knows what cooks,
                                 D
Just tell your hoodlum friend out - side,
D (N.C.)                      G
You ain't got time to take a ride.
        G (N.C.)
Yakety yak. (Don't talk back.)
```

*Outro*

```
                    G
Yakety yak, yakety yak.

Yakety yak, yakety yak.

Yakety yak, yakety yak.

Yakety yak, yakety yak.       To fade
```

# The Winner Takes It All

Words & Music by Benny Andersson & Björn Ulvaeus

F A7 Dm D7 Gm C

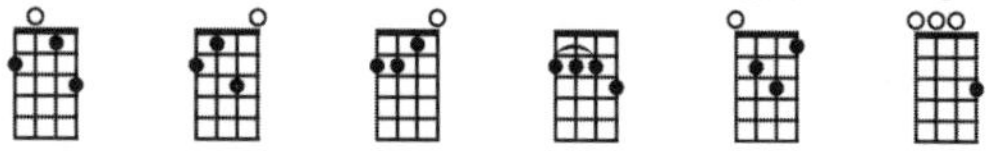

**To match original recording tune ukulele up one semitone**

*Intro*
|: F | F A7 | Dm | Dm D7 |
| Gm | Gm | C | C :|

*Verse 1*
C F
I don't wanna talk
C
About the things we've gone through,
Gm
Though it's hurting me,
C
Now it's history.
F
I've played all my cards
C
And that's what you've done too.
Gm
Nothing more to say,
C
No more ace to play.

*Chorus 1*
F
The winner takes it all,
A7 Dm
The loser standing small
D7 Gm
Beside the victory,
C
That's her destiny.

*Verse 2*

```
                F                          C
I was in your arms thinking I __ belonged there,
                      Gm                     C
I figured it made sense, building me a fence.
                  F                      C
Building me a home, thinking I'd be strong there,
                 Gm                C
But I was a fool, playing by the rules.
```

*Link 1*

```
                                 F
The Gods may throw the dice,
          A7         Dm
Their minds as cold as ice,
        D7           Gm
And someone way down here
                    C
Loses someone dear.
```

*Chorus 2*

```
                            F
The winner takes it all,
        A7              Dm
The loser has to fall,
       D7             Gm
It's simple and it's plain,
                      C
Why should I complain?
```

*Verse 3*

```
                  F                              C
But tell me   does she kiss like I used to kiss you?
                        Gm                         C
Does it feel the same when she calls your name?
                      F                             C
Somewhere deep inside, you must know I  miss you,
                   Gm                       C
But what can I say? Rules must be obeyed.
```

*Link 2*

```
                        F
The judges will decide,
   A7         Dm
The likes of me abide,
   D7              Gm
Spectators of the show
                 C
Always staying low.
```

*Chorus 3*

```
                 F
The game is on again,
  A7       Dm
A lover or a  friend,
  D7           Gm
A big thing or a small,
                     C
The winner takes it all.
```

*Verse 4*

```
                 F
I don't wanna talk
              C
If it makes you feel sad.
               Gm
And I understand
                         C
You've come to shake my hand.
     F
I apologise
                   C
If it makes you feel bad
                   Gm
Seeing me so tense,
               C
No self-confidence.
```

*Outro*

```
But you see
                     F     A7  Dm
The winner takes it all, ________
    D7               Gm    C
The winner takes it all. ________
```

```
||: F      | F  A7   | Dm      | Dm  D7  |
|   Gm     | Gm      | C       | C      :||
```

*Repeat to fade*